I0832570

RE

COLLECTION

DES

Meilleurs Romans

Français et Étrangers.

Paris,

CHEZ DAUTHEREAU, LIBRAIRE,

GRANDE COUR DU PALAIS ROYAL, CÔTÉ DU THÉATRE FRANÇAIS.

1827. — JEUDI, 29 NOVEMBRE.

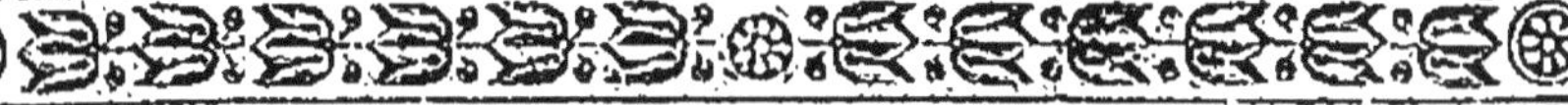

DANIEL FOE.

IMPRIMERIE DE FIRMIN DIDOT,
RUE JACOB, N° 24.

LES AVENTURES

DE

ROBINSON CRUSOE.

Tome Quatrième.

BIBLIOTHÈQUE ROYALE

À PARIS,
CHEZ DAUTHEREAU, LIBRAIRE,
RUE RICHELIEU, N° 20.

1827.

8331

ROBINSON CRUSOÉ.

AYANT ainsi réglé les affaires de mon île, je me préparais à retourner à bord du vaisseau, quand le jeune Anglais que j'avais tiré du bâtiment affamé, vint me dire qu'il venait d'apprendre que j'avais un ecclésiastique avec moi; que, par son moyen, j'avais marié les Anglais dans les formes avec les femmes sauvages; il ajouta qu'il savait un autre mariage à faire entre deux chrétiens, qui pourrait bien ne m'être pas désagréable.

Lorsque je lui dis que je le soupçonnais de parler pour lui-même et d'avoir en vue la servante de sa mère, il m'interrompit en souriant pour me déclarer avec modestie que je me trompais dans ma conjecture et qu'il n'avait rien de tel dans l'esprit, se trouvant dans des circonstances assez tristes pour n'y pas mettre encore le comble par un mariage mal assorti; qu'il connaissait mon dessein de le faire retourner dans sa patrie; mais que mon voyage devant être de long cours, selon toutes les apparences, et très-hasardeux, il ne me demandait pour toute grace, par rapport à lui, que de lui donner quelques esclaves et tout ce qui était nécessaire pour établir une plantation; que de cette manière-là il attendrait avec patience l'occasion de retourner en Angleterre, persuadé que, quand j'y serais revenu, je ne l'oublierais pas. Enfin il ajouta qu'il avait envie de me donner des lettres pour ses parents, afin de les informer des bontés que j'avais eues pour lui et de l'endroit où je l'avais laissé; et il me promit que, dès que je le ferais sortir de l'île, il me céderait sa plantation, de quelque valeur qu'elle pût être.

Ce petit discours était fort convenable pour un jeune homme de cet âge, et il me plaisait d'autant plus, qu'il m'assurait positivement que le mariage en question ne le regardait pas lui-même. Je lui donnai toutes les assurances possibles de rendre ses lettres si je revenais sain et sauf en Angleterre, de n'oublier jamais la fâcheuse situation dans laquelle il voulait demeurer, et d'employer tous les moyens possibles pour l'en tirer.

J'étais fort impatient cependant de savoir de quel mariage il avait voulu parler, et il m'apprit qu'il s'agissait de Suzanne (c'était le nom de la servante) et de mon artisan universel.

J'en fus charmé réellement, parce que le parti me paraissait très-bon de côté et d'autre. J'ai déja retracé le caractère du jeune homme. Pour la fille, elle était modeste, douce et pieuse; elle avait du bon sens et assez d'agrément; elle parlait bien et à propos, d'une manière décente et polie; elle était toujours prête à répondre quand il fallait, et jamais elle ne s'empressait de se mêler de ce qui ne la regardait pas; elle avait beaucoup d'adresse pour faire toutes sortes d'ouvrages, et elle était si bonne ménagère, qu'elle aurait pu être la femme de charge de toute la colonie; elle savait parfaitement bien se conduire avec des personnes d'un certain rang, et par conséquent il ne lui était pas difficile de plaire à tous les habitants de l'île.

Nous les mariâmes ce même jour, et, comme je lui tenais lieu de père dans cette cérémonie, je lui donnai aussi un dot; car je lui assignai à elle-même et à son époux un espace de terre assez considérable pour en faire une plantation. Ce mariage, et la proposition que le jeune homme m'avait faite de lui donner en propre une petite étendue de terrain, me firent penser à partager toute l'île aux habitants, afin de leur ôter toute occasion de querelle.

J'en donnai la commission à Atkins, qui était devenu grave, modéré, économe, en un mot, qui était alors un parfait honnête homme, très-pieux, fort attaché à la religion, et, si j'ose décider d'une affaire de cette nature, véritablement converti.

Il s'acquitta de ce soin avec tant de prudence, que tout le monde en fut satisfait, et qu'ils me prièrent tous de ratifier le partage par un écrit de ma main. Je le fis dresser sur-le-champ, et, en spécifiant les limites de chaque plantation, je leur donnai à chacun un droit de possession pour eux et pour leurs héritiers, ne me réservant que le *haut domaine* de toute l'île, et une redevance pour chaque plantation, payable en onze ans à moi ou à celui de mes héritiers qui, venant la demander, produirait une copie authentique du présent écrit.

Quant à la forme du gouvernement et des lois, je leur dis qu'ils étaient aussi capables que moi de prendre des mesures utiles làdessus, et que je souhaitais seulement qu'ils me promissent de nouveau de vivre ensemble en bons amis et bons voisins.

Il y a encore une particularité que j'aurais tort de passer sous silence. Comme tous les habitants de mon île vivaient dans une espèce de république et qu'ils avaient beaucoup à faire, il paraissait ridicule qu'il y eût trente-sept sauvages relégués dans un coin de l'île, à peine capables de gagner leur vie, bien loin de contribuer à l'utilité générale. Cette considération me fit proposer au gouverneur espagnol d'y aller avec le père de Vendredi, et de leur offrir de se joindre au reste des habitants, afin de planter pour eux-mêmes, ou bien de servir les autres, pour la nourriture et l'entretien, en qualité de domestiques, et non pas en qualité d'esclaves; car je ne voulus pas absolument permettre qu'on les réduisît à l'esclavage; ce qui eût été contraire à la capitulation qu'ils avaient faite en se rendant.

Ils acceptèrent la proposition de grand cœur, et quittèrent leurs habitations dans le moment même. Il n'y en eut que trois ou quatre qui prirent le parti de cultiver leurs propres terres; les autres aimèrent mieux être distribués dans les différentes familles que nous avions établies.

Toutes les colonies se réduisaient alors à deux. Il y avait celle des Espagnols qui demeuraient dans mon château, et qui étendaient leur plantation, du côté de l'est, le long de la petite baie, jusqu'à ma maison de campagne. Les Anglais vivaient dans le nord-est de l'île, où Atkins et ses camarades s'étaient établis dès le commencement, et ils s'étendaient du côté du sud et du sud-ouest, derrière la plantation des Espagnols. Chaque colonie avait encore à sa disposition une assez grande étendue de terre en friche, qu'elle pouvait cultiver en cas de besoin, en sorte que, de ce côté, il ne s'y trouvait aucun sujet de jalousie ni de discorde.

On avait laissé déserte la partie orientale de l'île, afin que les sauvages pussent y aller à leur ordinaire; et on avait résolu de ne point se mêler de leurs affaires, s'ils ne se mêlaient point de celles des habitants. Il ne faut pas douter qu'ils n'y vinssent souvent, comme autrefois: mais je n'ai jamais entendu dire qu'ils aient entrepris la moindre chose contre mes colonies.

J'avais fait espérer à mon religieux que la conversion des trente-sept sauvages pouvait se faire sans lui d'une manière dont il serait satisfait. Je lui fis sentir que cette affaire s'avançait, et que, ces gens étant ainsi distribués parmi les chrétiens, il serait facile de leur faire goûter les principes de notre religion, pourvu que chacun de leurs maîtres voulût bien redoubler d'efforts pour y réussir. Il en convint; « mais, dit-il, comment les porterons-nous à travailler avec application? « Je lui répondis qu'il fallait les y engager, en les assemblant tous, ou bien en leur parlant à chacun en particulier. Ce second parti lui parut le plus convenable. Il entreprit donc d'aller voir les Espagnols, pendant que j'irais adresser mes exhortations aux Anglais. Nous recommandâmes aux uns et aux autres de se contenter de leur enseigner les principes généraux de la religion chrétienne, comme l'existence de Dieu, les mérites de Jésus-Christ, etc. C'est ce qu'ils nous promirent.

En allant à la maison, ou plutôt à la ruche d'Atkins, je vis avec plaisir que la jeune femme de mon machiniste et l'épouse de l'Anglais étaient devenues amies intimes, et que cette personne pieuse avait perfectionné l'ouvrage que son mari avait commencé. Quoiqu'il n'y eût que quatre jours d'écoulés depuis le jour du baptême de la femme d'Atkins, elle était déja devenue si bonne chrétienne, que je n'ai de ma vie entendu parler d'une conversion si subite, et poussée si loin en si peu de temps.

Je pensai qu'en laissant à mes colons tout

ce qui leur était nécessaire, j'avais oublié de leur donner une Bible; sur ce point, je confesse que j'avais pour eux moins de soin que ma bonne veuve n'en avait eu pour moi. La charité de cette pauvre femme eut un effet plus étendu qu'elle ne l'avait prévu; car ces Bibles furent une mine d'instruction et de consolation pour des hommes qui en firent un meilleur usage que je n'en avais fait moi-même alors.

J'avais une de ces Bibles dans ma poche en arrivant à la maison d'Atkins. Je remarquai que les deux femmes venaient de parler de religion. « Ah! monsieur, dit Atkins dès qu'il me vit, quand Dieu veut que les pécheurs se réconcilient avec lui, il en sait bien trouver les moyens. Mon épouse a rencontré un prédicateur nouveau; je sais que j'étais aussi indigne qu'incapable de mettre la main à un pareil ouvrage; cette jeune femme paraît nous être envoyée du ciel; elle est en état de convertir une île pleine de sauvages. »

La jeune femme rougit à ces mots, et se leva pour s'en aller; mais en la priant de demeurer, je lui dis qu'elle avait entrepris une œuvre excellente, et que je souhaitais de tout mon cœur que le ciel voulût bénir ses soins.

Nous continuâmes sur ce sujet, pendant quelque temps, et les voyant sans livre, je tirai ma Bible de ma poche. « Voici du secours que je vous apporte, Atkins, dis-je, et je ne doute point que vous ne le receviez avec plaisir. » Il prit le livre avec respect, et se tournant du côté de sa femme : « Ne vous ai-je pas dit, ma chère, lui dit-il, que, quoique Dieu soit dans le ciel, il peut entendre nos prières ? Voici le livre que je lui ai demandé ; il m'a entendu et me l'a envoyé. » Après avoir fini ce discours, il tomba dans de si grands transports de joie, qu'au milieu des actions de graces qu'il adressait au ciel, il versait un torrent de larmes.

Certes, jamais homme ne fut plus reconnaissant de quelque présent que ce puisse être, qu'il le fut du don de cette Bible, et jamais non plus mortel ne se réjouit d'un don pareil, par un meilleur principe. Après avoir été un des plus grands scélérats de l'univers, il prouva par son changement que les pères ne doivent jamais désespérer du succès des instructions qu'ils donnent à leurs enfants, quelque insensibles qu'ils y paraissent. Si Dieu trouve bon, dans la suite, de toucher leur cœur, la force de l'éducation se saisit de nouveau de leur ame, et les instructions qu'ils ont reçues dans leur jeunesse opèrent sur eux avec tout le succès imaginable. Les préceptes qui ont été endormis, pour ainsi dire, pendant long-temps se réveillent alors, et produisent des effets merveilleux.

Il en était ainsi du pauvre Atkins. Il n'était pas des plus éclairés; mais voyant que le ciel l'appelait à instruire une personne plus ignorante que lui, il cherchait à se ressouvenir des leçons de son père, et s'en servait avec beaucoup de fruit.

Il se ressouvenait surtout de ce qu'il lui avait dit sur l'excellence de la Bible, qui a répandu sur des familles et sur des nations entières les bénédictions du ciel; vérité dont il n'avait jamais compris l'évidence que dans cette occasion, où, voulant instruire des païens et des sauvages, il ne pouvait se passer du secours de la parole divine.

Je ne jugeai point à propos de parler à mes colons de la chaloupe que j'avais eu soin d'embarquer par pièces détachées, avec l'intention de les faire joindre ensemble dans l'île. J'en fus détourné d'abord en y arrivant par les semences de discorde répandues dans la colonie, persuadé qu'au moindre mécontentement, ils se serviraient de cette chaloupe pour se séparer les uns des autres; peut-être aussi en auraient-ils fait usage pour pirater, et de cette manière mon île serait devenue un repaire de brigands, au lieu d'être une colonie de gens modérés et pieux. Je ne voulus pas leur laisser non plus les deux canons de bronze, ni les deux petites pièces de tillac que je leur avais destinés. Je les crus assez forts sans cet arsenal, et assez bien armés pour soutenir une guerre défensive; mon but n'était nullement de les mettre en état d'entreprendre des conquêtes.

Je revins à bord après avoir passé vingt-cinq jours dans l'île, promettant à ceux de mes gens qui avaient pris la résolution d'y rester jusqu'à ce que je les en tirasse, de leur envoyer du Brésil de nouveaux secours, si je pouvais en trouver l'occasion. Je m'étais engagé surtout à leur procurer quelque bétail, tel que vaches, moutons, etc., etc.

Le jour suivant nous fîmes voile, après avoir salué la colonie de cinq coups de canon.

Le troisième jour, après avoir mis à la voile, la mer étant calme, et le courant allant avec force vers l'est-nord-est, nous fûmes un peu entraînés hors de notre cours, et nos gens crièrent jusqu'à trois fois : « Terre du côté de l'est ! » sans qu'il nous fût possible de savoir si c'était le continent ou une île. Vers le soir nous vîmes la mer, du côté de la terre, toute couverte de quelque chose de noir, que nous ne pûmes distinguer ; mais notre contre-maître, étant monté sur le grand mât avec une lunette d'approche, se mit à crier que c'était toute une armée. Je ne savais ce qu'il voulait dire avec son armée, et je le traitai d'extravagant. « Ne vous fâchez pas, monsieur, dit-il, c'est une armée navale, de plus de mille canots, et je les vois distinctement venir droit à nous. »

Je fus un peu surpris de cette nouvelle, ainsi que mon neveu le capitaine, qui avait entendu raconter dans l'île de si terribles choses de ces sauvages, et qui, n'étant jamais allé dans ces mers, ne savait qu'en penser. Il s'écria deux ou trois fois qu'il fallait nous attendre à être dévorés. J'avoue que, voyant la mer calme, et le courant qui nous portait vers le rivage, je n'étais pas sans frayeur. Je l'encourageai pourtant, en lui conseillant de laisser tomber l'ancre aussitôt qu'on verrait qu'il serait inévitable d'en venir aux mains avec ces barbares.

Le calme continuant, et cette flotte étant fort près de nous, je commandai qu'on jetât l'ancre, et qu'on ferlât les voiles. Afin d'empêcher qu'ils ne missent le feu au vaisseau, je fis remplir les deux chaloupes d'hommes bien armés, et les fis placer, l'une à la poupe, et l'autre à la proue. Je leur fis prendre un bon nombre de seaux, pour éteindre le feu que les sauvages pourraient s'efforcer de mettre au dehors du navire.

Nous attendîmes les ennemis dans cette position, et bientôt nous les vîmes de près; je ne crois pas que jamais un plus terrible spectacle se soit offert aux yeux d'un Européen. Le contre-maître s'était prodigieusement trompé dans son calcul : au lieu de mille canots, il n'y en avait que cent vingt-six; mais ils étaient tellement chargés, que plusieurs contenaient jusqu'à dix-sept personnes; les plus petits étaient montés de sept hommes.

Ils s'avançaient hardiment, et paraissaient avoir le projet d'environner le vaisseau; nous ordonnâmes à nos chaloupes de ne pas permettre qu'ils nous approchassent de trop près.

Cet ordre nous engagea, contre notre intention, dans un combat avec les sauvages. Cinq ou six de leurs canots approchèrent tellement de la plus grande de nos chaloupes, que nos gens leur firent signe de la main de se retirer : ils comprirent fort bien, mais en se retirant ils lancèrent une cinquantaine de javelots, et blessèrent dangereusement un de nos hommes. Je criai à nos gens de ne point faire feu, et je leur fis jeter des planches pour se mettre à couvert contre les flèches, en cas qu'ils vinssent à tirer de nouveau.

Environ une demi-heure après, ils avancèrent du côté de la poupe, et ils approchèrent assez pour que je visse sans peine que c'étaient de mes anciens ennemis. Un moment après ils s'éloignèrent de nouveau, jusqu'à ce qu'ils fussent tous réunis, et alors ils firent force de rames pour venir sur nous. Ils approchèrent si près qu'ils pouvaient nous entendre parler; je commandai à tout l'équipage de se tenir en repos, jusqu'à ce qu'ils tirassent leurs flèches une seconde fois, et qu'on tînt le canon tout prêt.

En même temps j'ordonnai à Vendredi de se mettre sur le tillac, et de leur demander quel était leur dessein. Immédiatement après, Vendredi s'écria qu'ils allaient tirer, et ils firent voler en effet dans le vaisseau plus de trois cents flèches, dont personne ne fut blessé, si ce n'est mon fidèle sauvage lui-même, qui eut à mes yeux le corps percé de trois blessures mortelles.

La vive douleur que j'éprouvai en voyant tomber ce compagnon dévoué de tous mes travaux m'inspira un violent désir de vengeance. Voyant la grêle de flèches qu'ils lançaient sur nous sans raison, et la mort du pauvre Vendredi, qui méritait si bien mon estime et toute ma tendresse, je crus être en droit, devant Dieu et devant les hommes, de repousser la force par la force.

J'ordonnai qu'on chargeât cinq canons à cartouche et quatre à boulet, et nous leur envoyâmes une telle bordée, que le souvenir doit en être resté parmi ces nations.

Ces sauvages férocés n'étaient éloignés de nous que de la moitié de la longueur d'un câble, et nos canonniers pointèrent si juste, que quatre de leurs canots furent renversés, selon toutes les apparences, d'un seul et même coup de canon.

Notre bordée fit une exécution terrible; je ne saurais dire précisément combien nous en tuâmes ; mais il est certain que jamais il n'y eut dans une multitude de gens une pareille frayeur et une consternation semblable. Treize ou quatorze de leurs canots, tant brisés que renversés, furent coulés à fond, une partie de ceux qui les montaient furent tués, et les autres s'efforçaient de se sauver à la nage ; le reste ne songeait qu'à s'éloigner, sans se mettre en peine de leurs camarades.

Leur fuite fut si précipitée, qu'en trois heures ils furent hors de notre vue, excepté trois ou quatre canots qui faisaient eau, selon toute apparence, et qui ne pouvaient suivre le gros de la flotte avec la même rapidité. Nous n'en prîmes qu'un seul, qui nageait encore une heure après le combat.

Notre prisonnier était tellement étourdi de son malheur, qu'il ne voulait ni parler, ni manger, et nous crûmes tous qu'il avait l'intention de se laisser mourir de faim. Je trouvai pourtant le moyen de lui rendre la parole : on feignit de le jeter à la mer, puis on l'y jeta effectivement, et on s'éloigna de lui. Il suivit la chaloupe à la nage, et y étant rentré, il devint plus traitable, et se mit à parler un langage dont personne de nous ne pouvait entendre un seul mot.

Un vent frais s'étant levé, nous remîmes à la voile. Tout le monde était charmé de s'être tiré de cette affaire, excepté moi, qui étais au désespoir de la perte du pauvre Vendredi.

Notre prisonnier commençait à comprendre quelques mots anglais, et à s'apprivoiser avec nous. Nous lui demandâmes de quel pays il était venu avec ses compagnons; mais il nous fut impossible d'entendre un mot de sa réponse. Il tirait sa voix du gosier d'une manière si creuse et si étrange, qu'il ne paraissait pas seulement former des sons articulés. Nous ne pûmes pas remarquer qu'il se servît des dents, des lèvres, de la langue, ni du palais: ses paroles ressemblaient aux différents tons qui sortent d'un cor de chasse. Lorsque enfin il sut quelques mots d'anglais, il nous fit entendre que la flotte qui nous avait attaqués était destinée par leurs rois à donner une grande bataille. Nous lui demandâmes combien de rois ils avaient. Il dit qu'ils étaient cinq nations, qu'ils avaient cinq rois, et que leur dessein était d'aller combattre deux nations ennemies. Nous lui demandâmes encore par quelle raison ils s'étaient approchés de nous. Il répondit que leur intention n'avait été d'abord que de contempler notre vaisseau. Tout fut exprimé dans un langage plus incorrect que ne l'avait été celui de Vendredi, quand il commençait à s'énoncer en anglais.

Un dernier mot sur ce fidèle serviteur. Nous lui rendîmes les derniers honneurs, avec toute la solennité possible; nous le mîmes dans un cercueil, et après l'avoir jeté à la mer, nous prîmes congé de lui par onze coups de canon.

Continuant notre voyage avec un bon vent, nous découvrîmes la terre, le douzième jour après cet événement, au cinquième degré de latitude méridionale : c'était la partie de toute l'Amérique qui s'avance le plus vers le nord-est. Nous fîmes cours vers le sud quart à l'est, en ne perdant point le rivage de vue pendant quatre jours, au bout desquels nous doublâmes vers le cap Saint-Augustin, et trois jours après nous laissâmes tomber l'ancre dans la baie de

Todos-los-Santos, lieu d'où était venue toute ma bonne et mauvaise fortune.

Jamais il n'y était arrivé de vaisseau qui y eût moins d'affaires, et cependant nous n'obtînmes qu'avec beaucoup de peine l'autorisation d'avoir la moindre correspondance avec les habitants du pays ; ni mon associé, qui jouissait dans ce pays d'une très-grande considération, ni mes deux facteurs, ni le bruit de la manière miraculeuse dont j'avais été tiré de mon désert, ne me purent obtenir cette faveur. Mon associé, à la fin, se souvenant que j'avais donné autrefois cinq cents moïdores au prieur du monastère des Augustins, et deux cents aux pauvres, pria ce religieux d'aller parler au gouverneur, et de lui demander la permission d'aller à terre, pour moi, le capitaine et huit hommes. On nous l'accorda, mais à condition que nous ne débarquerions aucune denrée, et que nous n'emmènerions personne avec nous sans une permission expresse.

Ils nous firent observer ces conditions avec tant de sévérité, que j'eus toutes les peines du monde à débarquer trois balles de draps fins, d'étoffes et de toiles que j'avais apportées pour en faire présent à mon associé. C'était un homme très-généreux, et qui avait de nobles sentiments; sans savoir que j'eusse le moindre dessein de lui faire un cadeau, il m'envoya du vin, du tabac, des confitures pour plus de trente moïdores, et quelques médailles d'or. Mon présent n'était pas de moindre valeur que le sien, et devait lui être très-agréable; j'y joignis la valeur de cent livres sterling en marchandises, et le priai de faire dresser ma chaloupe, afin de l'employer pour envoyer à ma colonie ce que je lui avais promis.

L'affaire se trouva faite en fort peu de jours, et quand ma barque fut équipée, je donnai au pilote de telles instructions pour reconnaître mon île, qu'il était abolument impossible qu'il la manquât; aussi la trouva-t-il, comme je l'ai appris dans la suite.

Bientôt elle fut chargée de la cargaison que je destinais à mes gens; un de nos matelots, qui était allé à terre en même temps que moi dans l'île, s'offrit d'aller avec la chaloupe et de s'établir dans ma colonie, pourvu que j'ordonnasse par une lettre au gouverneur espagnol de lui donner des habits, du terrain et les outils nécessaires pour commencer une plantation, genre d'industrie qu'il entendait fort bien, ayant été planteur autrefois à Maryland, et boucanier. Je l'encourageai dans ce dessein, en lui accordant tout ce qu'il me demandait, et je lui fis présent du sauvage que nous avions pris dans la dernière rencontre; de plus, je chargeai le gouverneur espagnol de lui remettre une portion de tout ce qui lui était nécessaire, égale à celle qui avait été distribuée aux autres.

J'envoyai trois femmes portugaises à mes Espagnols, en les priant de leur donner des époux, et de les traiter avec douceur. J'aurais pu leur en faire avoir un plus grand nombre; mais je savais que mon Portugais persécuté avait avec lui deux filles en état de se marier, et que les autres Espagnols avaient des femmes dans leur patrie.

J'envoyai de plus, ainsi que je l'avais promis, trois vaches à lait, cinq veaux, vingt-deux porcs, trois truies pleines, deux cavales et un cheval.

Toute cette cargaison arriva en bon état dans l'île, et l'on croira sans peine qu'elle y fut reçue avec plaisir par mes sujets, qui se trouvaient alors au nombre de soixante ou soixante-dix, sans compter les enfants, dont il y avait un grand nombre.

Au lieu d'abandonner ainsi pour toujours une île que j'avais voulu revoir malgré mon âge et les dangers du voyage, j'aurais pu m'assurer la propriété de ce pays en le soumettant à la Grande-Bretagne. J'aurais pu y transporter du canon, des munitions et des planteurs; en faire une colonie florissante, et m'y fixer moi-même, expédier mon petit navire chargé de riz, et prier mes correspondants de me le renvoyer avec tout ce qui pourrait être utile et agréable à la colonie. Mais j'étais seulement possédé du démon des aventures, qui me forçait à courir le monde, uniquement pour courir. Je ne songeai pas même à donner un nom à cette île, où j'avais trouvé un asile contre la fureur des flots; je négligeai d'établir un lien social entre elle et le reste du monde civilisé. Au lieu de consacrer ma fortune et le reste de ma vie à faire le bonheur des hommes qu'un puéril orgueil me faisait appeler mes sujets, je n'eus alors aucune idée des grandes choses auxquelles était appelé, par la Providence, le fondateur de cet état naissant.

Nous trouvâmes dans la baie de Todos-los-Santos un navire en charge pour Lisbonne, et le jeune prêtre français me demanda la permission d'en profiter pour retourner en Europe; j'y consentis malgré le plaisir que je trouvais dans le commerce de cet homme à la fois si pieux et si aimable.

Du Brésil, nous allâmes par la mer Atlantique au cap de Bonne-Espérance; nous eûmes des vents contraires et quelques tempêtes; mais le temps de mes malheurs sur mer était fini : mes disgraces futures devaient m'arriver sur terre.

Notre vaisseau étant uniquement destiné au commerce, nous avions à bord un subrécargue, qui devait en régler tous les mouvements, lorsque nous serions arrivés au cap de Bonne-Espérance. Tout avait été confié à ses soins; il n'était limité que dans le nombre de jours qu'il fallait rester dans chaque port. Ainsi, je n'étais pour rien dans la marche du vaisseau; le subrécargue et mon neveu délibéraient entre eux sur ce qu'il y avait à faire.

Nous ne nous arrêtâmes au cap que pour prendre de l'eau fraîche et les autres choses nécessaires, et nous nous hâtâmes pour arriver à la côte de Coromandel, parce que nous étions informés qu'un vaisseau de guerre français de cinquante canons, et deux grands vaisseaux marchands avaient pris la route des Indes. Nous étions en guerre avec les Français; nous craignions leur rencontre: heureusement il n'en fut rien.

Nous touchâmes d'abord à l'île de Madagascar. Le peuple qui l'habite est féroce et traître, armé d'arcs et de lances, dont il se sert avec beaucoup d'adresse. Cependant nous y fûmes fort bien pendant quelque temps; les habitants nous traitèrent avec civilité; et pour de légers cadeaux que nous leur fîmes, tels que des couteaux, des ciseaux, etc., ils nous amenèrent onze jeunes bœufs gras et bons; nous en destinâmes une partie à notre nourriture pendant notre séjour dans cette île, et nous salâmes le reste pour la provision du vaisseau.

Lorsque nous débarquions dans l'île, les habitants, qui s'y trouvent en grand nombre, se pressaient autour de nous, et d'une certaine distance ils nous regardaient avec attention. Étant traités par eux fort honnêtement, nous ne nous croyions pas en danger; nous coupâmes seulement trois branches d'arbres que nous plantâmes en terre à quelques pas de nous, ce qui, dans ce pays, est une marque de paix et d'amitié; les insulaires firent la même chose de leur côté, pour indiquer qu'ils acceptaient la paix. Après cette cérémonie, il ne leur est pas permis de passer vos branches, et vous ne sauriez passer les leurs sans leur déclarer la guerre. De cette manière, chacun est en sûreté derrière ses limites; la place qui est entre deux sert de marché, et de côté et d'autre on y trafique librement. En y allant, il n'est pas permis de porter des armes; et les gens du pays même, avant que d'avancer jusque là, plantent leurs lances en terre; mais si on rompt la convention en leur faisant quelque violence, ils s'élancent d'abord sur leurs armes et cherchent à repousser la force par la force.

Un jour que nous étions venus à terre, les insulaires s'assemblèrent en plus grand nombre que de coutume; mais tout se passa avec le bon accord ordinaire. Ils nous apportèrent différentes sortes de provisions qu'ils échangèrent contre quelques bagatelles; et leurs femmes nous fournirent du lait et des racines que nous reçûmes avec plaisir. Tout était si paisible, que nous résolûmes de passer la nuit à terre dans une hutte que nous nous étions faite de quelques branches: je ne sais par quel pressentiment je n'étais pas si content que les autres d'y rester toute la nuit. Notre chaloupe était à l'ancre à un jet de pierre du rivage, avec deux hommes pour la garder; j'en fis venir un pour couper quelques branches, afin de nous en couvrir dans la chaloupe; ayant étendu la voile, je me couchai dessus, abrité par cette verdure

Vers deux heures du matin nous entendîmes

les cris terribles d'un de nos marins, qui nous priait de faire approcher la chaloupe, si nous ne voulions pas qu'ils fussent massacrés; aussitôt j'entendis cinq coups de fusil, qui furent répétés deux fois immédiatement après.

Ce tumulte m'ayant réveillé en sursaut, je fis avancer la chaloupe; et, me voyant trois fusils sous la main, je pris la résolution d'aller à terre avec les deux matelots, et de secourir nos gens.

Nous fûmes près du rivage en un instant; aussitôt nos matelots, poursuivis par trois ou quatre cents de ces barbares, se jetèrent à la nage pour venir à nous. Ils n'étaient que neuf, et n'avaient que cinq fusils; il est vrai que les autres étaient armés de pistolets et de sabres; mais ces armes leur avaient été de peu d'usage.

Nous en sauvâmes sept avec bien de la peine, parmi lesquels il y en avait trois grièvement blessés. Pendant que nous étions occupés à les faire entrer dans la chaloupe, nous nous trouvâmes aussi exposés qu'eux, car les barbares nous jetèrent une grêle de dards, et nous fûmes obligés de barricader ce côté avec nos bancs et quelques planches qui étaient là par hasard.

Si l'affaire fût arrivée en plein jour, ces sauvages visent si juste qu'ils nous eussent percés de leurs flèches. La lumière de la lune ne nous les laissait voir que peu distinctement, pendant qu'ils faisaient voler une quantité de dards vers notre barque. Nous fîmes feu sur eux, et leurs cris nous donnèrent assez à entendre que nous en avions blessé plusieurs ; ce qui ne les empêcha pas de rester sur le rivage en ordre de bataille jusqu'au matin, espérant sans doute avoir meilleur marché de nous dès qu'ils pourraient nous voir.

Nous fûmes forcés de rester dans cet état, sans savoir comment faire pour lever l'ancre et mettre à la voile, ne pouvant y réussir sans nous tenir debout, ce qui leur eût donné plus de facilité pour nous tuer. Tout ce que nous pûmes faire, ce fut d'indiquer au vaisseau par des signaux que nous étions en danger, et quoiqu'il fût à une lieue de là, mon neveu, entendant nos coups de fusil, et voyant par sa lunette que nous faisions feu du côté du rivage, comprit d'abord toute l'affaire, et leva l'ancre au plus vite. Il vint aussi près de nous qu'il fut possible, et nous envoya l'autre chaloupe, avec dix hommes; mais nous leur criâmes de ne pas approcher, en leur apprenant notre situation. Alors un des matelots, prenant le bout d'une corde, et nageant entre les deux chaloupes, de manière qu'il était difficile aux sauvages de l'apercevoir, alla à bord de ceux qui étaient envoyés pour nous tirer de ce danger. Nous coupâmes alors notre petit cable, et, laissant l'ancre, nous fûmes remorqués par l'autre chaloupe, jusqu'à ce que nous nous vîmes hors de la portée des flèches. Pendant tout ce temps nous nous étions tenus couchés derrière notre barricade.

Dès que nous ne fûmes plus entre le vaisseau et le rivage, le capitaine, ayant fait charger plusieurs canons à cartouche, envoya une bordée terrible aux barbares, et le carnage fut horrible.

Revenus à bord, et hors de danger, nous examinâmes la cause de cette émente des sauges. Notre subrécargue, qui était allé souvent à Madagascar, nous assura qu'il fallait absolument qu'on eût irrité les habitants, car ils ne nous auraient jamais attaqués après nous avoir reçus comme amis. Tout fut à la fin découvert; et nous apprîmes qu'un de nos matelots avait enfreint le traité, et dépassé la limite pour insulter les barbares.

Cependant un des nôtres avait été tué d'un coup de javelot en sortant de la hutte. Tous les autres s'étaient retirés d'affaire, excepté celui qui avait été la cause de ce malheur. Nous fûmes assez long-temps à savoir ce qu'il était devenu; pendant deux jours nous longeâmes le rivage avec la chaloupe, quoique le vent nous exhortât à partir, et nous fîmes toutes sortes de signaux pour lui apprendre que nous l'attendions, mais inutilement. Nous le crûmes perdu.

Je ne pus cependant me résoudre à partir sans hasarder d'aller une seconde fois à terre, pour voir si je pourrais découvrir ce malheureux. Je résolus de débarquer pendant la nuit, de peur d'essuyer une seconde attaque des noirs.

Mais je fus fort imprudent en me hasardant de mener avec moi une troupe de marins féroces, sans m'en être fait donner le commandement; ce qui m'engagea, malgré moi, dans une entreprise aussi malheureuse que criminelle.

Nous choisîmes, le subrécarge et moi, vingt des plus déterminés de l'équipage, et nous débarquâmes dans le même endroit où les Indiens s'étaient assemblés quand ils nous avaient attaqués avec tant de fureur. Mon dessein était de voir s'ils avaient quitté le champ de bataille, et d'en surprendre quelques-uns pour les échanger contre le matelot égaré, s'il existait encore.

Arrivés à terre, sans bruit, à dix heures du soir, nous partageâmes notre troupe en deux pelotons, dont je commandai l'un et le bosseman l'autre. Nous ne vîmes ni n'entendîmes personne d'abord, et nous nous avançâmes, en laissant quelque distance entre nos deux petits corps, vers l'endroit où l'action s'était passée; nous ne découvrîmes rien, à cause des ténèbres; mais quelques moments après notre bosseman tomba, ayant donné du pied contre un cadavre. Il fit halte jusqu'à ce que je l'eusse joint, et nous résolûmes de nous arrêter en attendant le lever de la lune, qui devait paraître en moins d'une heure. Nous découvrîmes alors distinctement le carnage que nous avions fait parmi les Indiens; nous en vîmes trente-deux à terre, parmi lesquels il y en avait deux qui respiraient encore.

J'étais d'avis de retourner à bord, mais le bosseman me fit dire qu'il était résolu, avec les siens, d'aller rendre visite à la ville où les Indiens demeuraient, et me fit prier de l'y accompagner, ne doutant point que nous n'y pussions faire un butin considérable, et avoir des nouvelles de Thomas Jeffery: c'était le nom du matelot que nous avions perdu.

S'ils m'avaient demandé la permission de tenter cette entreprise, je leur aurais positivement ordonné de se rembarquer à l'instant; mais ils se contentèrent de me faire savoir leur intention, et de me prier d'être de la partie. Quoique je sentisse combien un tel dessein, où l'on pouvait perdre beaucoup de monde, serait peut-être préjudiciable à un vaisseau dont l'unique but était d'aller faire des affaires de négoce, je n'avais pas l'autorité nécessaire pour détourner le coup; je refusai de les accompagner, et priai ceux qui me suivaient de rentrer dans la chaloupe. Deux ou trois de ces derniers commencèrent à murmurer, et à dire qu'ils voulaient y aller malgré moi, que je n'avais aucun commandement sur eux. « Jean, s'écria l'un, veux-tu y venir? pour moi j'y vais. » Jean y consentit; il fut suivi d'un autre et de plusieurs, et ils m'abandonnèrent tous, excepté un seul que je priai instamment de rester, et qui voulut bien y consentir. Le subrécargue et moi nous retournâmes vers la chaloupe, où il n'y avait qu'un mousse. Je leur représentai encore combien leur entreprise était criminelle, et qu'ils pourraient avoir le sort de Jeffery. Ils me répondirent qu'ils agiraient prudemment, qu'ils étaient d'ailleurs certains de réussir, et qu'ils seraient de retour dans moins d'une heure. La ville des Indiens n'était, disaient-ils, qu'à un demi-mille du rivage; mais ils se trompaient de plus de deux milles.

Ils prirent d'ailleurs toutes les précautions possibles. Ils étaient tous parfaitement armés; car, outre leur fusil, ils avaient chacun un pistolet et une baïonnette; quelques-uns avaient des sabres; le bosseman et deux autres avaient des haches d'armes. Ils étaient tous pourvus de treize grenades; jamais hommes plus hardis et mieux armés n'entreprirent un dessein plus abominable et plus extravagant.

Ils partirent animés par le désir du butin, mais une circonstance imprévue les remplit de l'esprit de vengeance. Arrivés à un petit nombre de maisons indiennes, qu'ils avaient prises pour la ville même, ils se virent fort éloignés de leur compte, puisqu'il n'y avait là que treize huttes. Ils délibérèrent long-temps pour savoir s'ils attaqueraient ce hameau, et s'ils en égorgeraient tous les habitants, sans en laisser un seul qui pût aller donner l'alarme à la ville.

Ils se déterminèrent enfin à épargner ce hameau, voulant pénétrer jusqu'à la ville, pour exercer leur vengeance et satisfaire leur avarice sur un plus grand théâtre. Après avoir marché quelque temps, ils trouvèrent une vache attachée à un arbre, et ils résolurent de s'en faire un guide. Voici quel fut leur raisonnement : la vache appartient au hameau, ou à la ville ; une fois déliée, elle cherchera sans doute son étable ; si elle va en avant, nous n'avons qu'à la suivre, elle nous mènera où nous désirons aller. Ils coupèrent la corde ; la vache marcha devant eux, et par ce singulier stratagème ils arrivèrent à la ville, composée de deux cents cabanes, dont quelques-unes contenaient plusieurs familles.

Il y régnait le plus profond silence : tous les habitants dormaient tranquillement, comme dans un lieu qui n'est point susceptible d'être attaqué. Ils tinrent alors un nouveau conseil de guerre, et résolurent de se partager en trois corps, de mettre le feu à trois maisons, dans trois différentes parties du bourg, de saisir et de garrotter les habitants à mesure qu'ils sortiraient de leurs maisons embrasées. Ils commencèrent par visiter toute la ville, sans faire le moindre bruit, afin d'en examiner l'étendue, et de juger si leur dessein était praticable.

Tandis qu'ils s'animaient les uns les autres,

ceux qui s'étaient le plus avancés crièrent qu'ils avaient trouvé Thomas Jeffery, ce qui les fit courir tous de ce côté. Ils trouvèrent effectivement ce malheureux, à qui on avait coupé la gorge, nu et pendu par un bras à un arbre. La vue de leur camarade égorgé leur inspira une telle fureur qu'ils jurèrent de le venger, et de ne faire quartier à aucun Indien qui tomberait entre leurs mains : aussitôt ils se mirent à l'œuvre. Les maisons étaient basses et couvertes de chaume; ils y mirent le feu, et en moins d'un quart d'heure toute la ville brûlait. Ils commencèrent par une cabane dont les habitants s'étaient éveillés depuis leur arrivée. Dès que le feu commença, ces malheureux effrayés cherchèrent la porte pour se sauver; mais ils y rencontrèrent un danger qui n'était pas moindre, le bosseman en tua deux avec sa hache d'armes. La hutte étant fort grande et remplie de monde, il ne voulut pas y entrer pour en achever le massacre, mais il y jeta une grenade, qui en tua et blessa plusieurs; d'autres furent massacrés à coups de baïonnette; nos gens forcèrent le reste à demeurer dans la maison en proie aux flammes, jusqu'à ce que le toit leur fût tombé sur la tête.

Pendant cette exécution, ils ne tirèrent pas un coup de fusil, ne voulant éveiller le peuple qu'à mesure qu'ils étaient en état de l'exterminer; mais le feu fit sortir les Indiens de leur sommeil, ce qui força les assaillants à se tenir réunis. L'incendie, ne trouvant que des matières extrêmement combustibles, se répandit en un instant par toute la ville, et rendit les rues presque impraticables. Il leur fallut pourtant suivre le feu, pour exécuter leur affreux dessein avec plus de sûreté, et dès que la flamme faisait sortir les habitants hors de leurs maisons, ils étaient assommés par ces furieux, qui pour entretenir leur rage ne cessaient de crier les uns aux autres de se souvenir du *pauvre Jeffery*.

Pendant ce temps j'étais dans de grandes inquiétudes, particulièrement quand j'aperçus l'incendie, que l'obscurité de la nuit me faisait paraître comme s'il n'était qu'à quelques pas de moi.

Mon neveu, voyant ces flammes, en fut dans

une grande surprise; il n'en pouvait deviner la cause, et il craignit que je ne fusse dans quelque grand danger, aussi bien que le subrécargue. Mille pensées lui roulaient dans l'esprit, et quoiqu'il pût à peine tirer plus de monde du vaisseau, il se jeta dans l'autre chaloupe, et vint lui-même à notre secours avec treize hommes.

Il fut fort étonné de me trouver avec le subrécargue dans la chaloupe, accompagné d'un matelot et du mousse. Quoique fort aise de nous voir sains et saufs, il était très-impatient d'avoir des nouvelles des autres. La flamme augmentait de moment à autre; les fréquents coups de fusil que nous entendions nous causaient de vives inquiétudes.

Le capitaine dit qu'il voulait donner du secours aux siens, quelque chose qui pût en arriver. Je tâchai de l'en détourner par les mêmes raisons que j'avais employées contre les autres; je lui offris d'aller avec les deux hommes qui m'étaient restés, pour découvrir quelle pouvait être la cause de cet incendie, et ce que nos gens étaient devenus.

Mais mon neveu était aussi peu capable d'entendre raison que tout le reste. Il voulait partir, et il était fâché d'avoir laissé plus de dix matelots dans le vaisseau. Il n'était pas, disait-il, homme à laisser périr ses gens faute de secours; et il résolut de leur en donner, quand il devrait perdre le vaisseau, et même la vie.

Bien loin de persuader au capitaine de rester, je fus obligé de le suivre. Il ordonne à deux hommes de retourner à bord et d'y prendre encore douze de leurs camarades, dont six devaient garder les chaloupes, pendant que les six autres marcheraient vers la ville. Il ne resta que seize hommes dans le vaisseau.

Guidés par le feu, nous allâmes droit vers la ville. Si les coups de fusil nous avaient étonnés de loin, nous fûmes remplis d'horreur, quand nous fûmes près de là, par les cris des malheureux habitants.

Je n'avais jamais été présent au sac d'une ville; j'avais bien entendu parler de Drogheda en Irlande, où Cromwell avait fait massacrer tout le peuple, hommes, femmes et enfants.

J'avais lu la description de la prise de Magdebourg par le comte de Tilly, et du massacre de plus de vingt-deux mille personnes de tout sexe et de tout âge; mais je n'avais jamais vu rien de pareil, et il m'est impossible d'en donner une idée, ni d'exprimer la terrible impression que cette scène horrible fit sur mon esprit.

Parvenus jusqu'à la ville, nous ne vîmes aucun moyen d'entrer dans les rues; nous fûmes donc obligés de la côtoyer, et les premiers objets qui s'offrirent à nos yeux furent les cendres d'une cabane, où nous vîmes, à la lumière du feu, les cadavres de quatre hommes et de trois femmes; nous crûmes en découvrir quelques autres au milieu des flammes.

Nous vîmes trois femmes, poussant les cris les plus affreux, s'enfuir de notre côté, comme si elles eussent eu des ailes : seize ou dix-sept hommes du pays les suivaient, poursuivis par quatre de nos féroces matelots, qui, ne pouvant les atteindre, firent feu sur eux, et en renversèrent un tout près de nous. Quand les pauvres fuyards nous découvrirent, ils nous prirent pour un autre corps de leurs ennemis, et firent des hurlements épouvantables, persuadés que nous allions les massacrer. Cet affreux spectacle me remplit d'horreur, et je crois que, si nos matelots étaient venus jusqu'à nous, j'aurais tiré sur eux. Nous nous mîmes un peu à l'écart pour faire comprendre aux pauvres Indiens qu'ils n'avaient rien à craindre de nous. Ils s'approchèrent, se jetèrent à nos pieds, et semblaient nous demander, par les cris les plus lamentables, que nous leur fissions grace de la vie.

Nous leur fîmes comprendre que c'était notre dessein; calmés par cette promesse, ils se mirent tous en peloton derrière un retranchement. J'ordonnai à mes gens de se tenir réunis, et de n'attaquer personne; mais de tâcher de saisir quelque Anglais, pour savoir quelle intention dirigeait leur fureur. Je leur dis que, s'ils rencontraient leurs camarades engagés, ils s'efforçassent de les faire retirer, en leur assurant que, s'ils restaient là jusqu'au jour, ils se verraient environnés de cent mille Indiens. Je les quittai, et, suivi seulement de deux hommes, je me mêlai aux fuyards que nous avions sauvés. Quel spectacle affreux! quelques-uns avaient les pieds grillés à force de courir à travers le feu; une des femmes, étant tombée dans les flammes, avait le corps à moitié rôti; trois hommes avaient plusieurs coups de sabre sur le dos et sur les cuisses; un quatrième, percé d'un coup de fusil, mourut à mes yeux.

Cette horrible entreprise m'effraya tellement, que je résolus de retourner vers nos gens, de pénétrer dans la ville à travers les flammes, pour mettre fin à cette boucherie, à quelque prix que ce fût.

Au moment où je communiquais ma résolution aux miens, nous vîmes quatre de nos Anglais avec le bosseman à leur tête, courir comme des furieux par-dessus les corps de ceux qu'ils avaient tués. Ils étaient couverts de sang et de poussière; nous leur criâmes de venir à nous, ce qu'ils firent aussitôt.

Dès que le bosseman nous aperçut, il poussa un cri de triomphe, charmé de voir arriver du secours. « Ah! mon brave capitaine, s'écria-t-il, je suis ravi de vous voir; nous n'avons pas encore à moitié fait avec ces maudits Indiens; j'en tuerai autant que le pauvre Jeffery avait de cheveux. Nous avons juré de ne pas en épargner un seul, et d'exterminer cette exécrable nation. » En prononçant ces mots, il se remit à courir tout échauffé et hors d'haleine.

« Arrête, barbare! lui dis-je : je te défends de toucher à un seul de ces malheureux; si tu ne t'arrêtes à l'instant, tu es mort. »

« Comment donc, monsieur, répondit-il, savez-vous ce qu'ils ont fait? Si vous voulez voir la raison de notre conduite, vous n'avez qu'à vous approcher. » Alors il nous montra le cadavre du malheureux Jeffery pendu à un arbre.

Ce triste objet inspira aussitôt à mon neveu et à ceux qui le suivaient une rage aussi difficile à calmer que celle du bosseman et de ses camarades. Mon neveu me dit qu'il craignait seulement que les siens ne fussent pas les plus forts, et qu'au reste il croyait qu'il ne fallait pas faire quartier à un seul de ces

Indiens, qui tous avaient trempé dans un meurtre si abominable. Aussitôt huit des derniers venus volèrent sur les pas du bosseman pour mettre la dernière main à ce cruel attentat; et moi, voyant devenir inutile tout ce que je faisais pour les modérer, je m'en revins triste et pensif, ne pouvant plus soutenir la vue des infortunés qui tombaient entre les mains de nos barbares matelots.

Je n'étais accompagné que du subrécargue et de deux autres hommes, et j'avoue qu'il y avait de l'imprudence à retourner vers nos chaloupes en si petit nombre. Le jour approchait, et l'alarme qui s'était répandue par tout le pays avait rassemblé près du petit hameau une quarantaine d'Indiens armés de lances, d'arcs et de flèches : heureusement j'évitai cet endroit en allant droit au rivage; quand nous y arrivâmes il était grand jour. Nous nous mîmes aussitôt dans la pinasse, et, après être revenus à bord, nous la renvoyâmes, pour que nos gens pussent s'en servir afin de se sauver.

Je vis alors que le feu commençait à s'éteindre et que le bruit cessait; mais, une demi-heure après, j'entendis une salve de mousqueterie : les nôtres l'avaient faite sur les Indiens qui s'étaient attroupés près du petit hameau. Ils en tuèrent seize ou dix-sept, et mirent le feu à leurs cabanes; mais ils épargnèrent les femmes et les enfants. Lorsque nos gens s'approchèrent du rivage avec la pinasse, ceux qui venaient de faire cette affreuse expédition commençaient à paraître, sans aucun ordre, répandus çà et là, et dans une telle confusion qu'ils auraient pu être facilement défaits par un très-petit nombre d'hommes déterminés.

Heureusement pour eux ils avaient jeté la terreur dans tout le pays, et les Indiens étaient tellement effrayés par une attaque si peu attendue, qu'une centaine de leurs plus braves n'auraient pas attendu de pied ferme six de nos matelots : aussi dans toute l'action il n'y en eut pas un seul qui se défendît. Ils étaient tellement étonnés du feu d'une part, et de l'attaque de nos gens de l'autre, que dans l'obscurité de la nuit ils ne savaient de quel côté se tourner, la mort se présentant partout à eux. Dans toute cette affaire, aucun de nos Anglais ne reçut le moindre mal, excepté deux, dont l'un s'était brûlé la main, et dont l'autre s'était donné une entorse au pied.

J'étais fort en colère contre tout l'équipage, mais surtout contre mon neveu, qui avait non-seulement négligé son devoir en hasardant le succès de tout le voyage, mais encore en animant la fureur des siens plutôt que de la calmer. Il répondit à mes reproches avec beaucoup de respect, en disant que la vue de Jeffery égorgé d'une manière si cruelle l'avait transporté d'une fureur dont il n'avait pas été le maître; qu'il n'aurait pas dû s'y laisser entraîner en qualité de commandant du vaisseau, mais que comme homme il avait été incapable de raisonner dans cette occasion. Pour les matelots, comme ils n'étaient pas soumis à mes ordres, ils s'inquiétaient fort peu que leur expédition me déplût ou non.

Le lendemain, nous remîmes à la voile: nous étions destinés pour le golfe Persique, et de là pour la côte de Coromandel; nous n'avions le projet d'aller à Surate qu'en passant.

Le principal dessein du subrécargue regardait la baie du Bengale, et, s'il ne trouvait pas occasion d'y faire ses affaires, il devait aller à la Chine et revenir ensuite au Bengale.

Le premier désastre qui nous arriva fut dans le golfe de Perse, où cinq de nos gens, étant allés à terre sur la côte d'Arabie, furent tués ou emmenés comme esclaves par les naturels du pays. Leurs compagnons ne furent point en état de les délivrer, ayant assez à faire eux-mêmes pour se sauver dans la chaloupe. Je leur dis que je regardais ce malheur comme une punition méritée du massacre de Madagascar, expression dont je me servais toujours, quelque choquante qu'elle fût pour l'équipage.

Les sermons fréquents que je leur faisais sur ce sujet eurent pour moi de plus fâcheuses suites que je n'aurais cru. Le bosseman, qui avait été le chef de cette entreprise, m'étant venu trouver un jour, me dit d'un ton fort résolu que j'avais grand tort de remettre toujours cette affaire sur le tapis, et de m'étendre sur des reproches mal fondés et injurieux;

que l'équipage en était fort mécontent, et lui surtout, que j'avais le plus en vue; qu'étant seulement passager, sans aucun commandement dans le vaisseau, je ne devais pas m'imaginer que j'eusse le moindre droit de les insulter, comme je le faisais continuellement.

Je répondis que dans mes reproches je n'avais pas plus appuyé sur lui que sur un autre, qu'il était vrai que je n'avais aucun commandement dans le vaisseau, et que je n'avais jamais prétendu y exercer la moindre autorité; que j'avais seulement dit mon opinion avec franchise sur des choses qui nous concernaient tous également; mais qu'ayant une part considérable dans la charge du navire, j'avais droit de parler avec encore plus de liberté que je ne me l'étais permis jusqu'alors, sans être obligé de rendre compte de ma conduite ni à lui, ni à qui que ce fût. Je lui tins ce discours avec fermeté, et, comme il ne répliqua rien, je crus que c'était fini.

Nous étions alors dans un port du Bengale, et, voulant voir le pays, je m'étais fait mettre à terre, quelques jours après notre arrivée, avec le subrécargue, pour nous divertir pendant quelques heures. Vers le soir, comme je me préparais à retourner à bord, un de nos marins vint me dire de ne pas aller jusqu'au rivage, parce que ceux de la chaloupe avaient ordre de ne me point ramener. Frappé de ce compliment insolent comme d'un coup de foudre, j'allai trouver le subrécargue, et, lui racontant le fait, je lui dis que je prévoyais quelque mutinerie dans le vaisseau, et je le priai de s'y transporter dans une barque, pour informer le capitaine de ce qui m'arrivait. J'aurais pu m'épargner cette peine; car l'affaire était déja faite à bord du navire. Le bosseman, le canonnier et le charpentier, en un mot tous les officiers subalternes, dès qu'ils m'avaient vu dans la chaloupe, étaient montés sur le tillac, et avaient demandé à parler au capitaine. Après avoir répété toute la conversation que nous avions eue ensemble, le bosseman dit au capitaine qu'ils étaient bien aises que j'eusse pris, de mon propre mouvement, le parti de m'en aller, puisque autrement ils m'y auraient obligé; qu'ils s'étaient engagés à servir dans le vaisseau sous son commandement, et qu'ils étaient dans l'intention de continuer à le faire avec la plus exacte fidélité; mais que, si je ne voulais quitter le vaisseau de bon gré, et qu'il ne voulût pas m'y forcer, ils abandonneraient tous le vaisseau. En prononçant ce dernier mot, il se tourna du côté du grand mât, où étaient assemblés les matelots, qui se mirent aussitôt à crier d'une seule voix : « Oui, tous, tous ! »

Mon neveu était un homme de courage et d'une grande présence d'esprit. Quoiqu'il fût très-surpris d'un discours si peu attendu, il répondit avec calme qu'il prendrait l'affaire en considération, mais qu'il ne pouvait rien résoudre avant de m'avoir parlé.

Il se servit alors de plusieurs raisonnements pour leur faire voir l'injustice de leur proposition, mais en vain ; ils se donnèrent la main en sa présence, et jurèrent qu'ils iraient tous à terre, à moins qu'il ne leur promît positivement qu'il ne souffrirait pas que je remisse le pied dans le vaisseau.

Cette résolution était bien affligeante pour

lui, qui m'avait de si grandes obligations, et qui ne savait comment je prendrais cette affaire. Il crut pouvoir détourner le coup d'une autre manière; et, le prenant sur un ton fort haut, il leur dit, avec beaucoup de fermeté, que j'étais un des principaux intéressés dans le vaisseau, et qu'il était ridicule de vouloir me chasser, pour ainsi dire, de ma propre maison; que, s'ils quittaient le navire, ils paieraient cher cette désertion, en cas qu'ils fussent jamais assez hardis pour remettre le pied en Angleterre; que, pour lui, il aimerait mieux risquer tout le fruit du voyage, et perdre le vaisseau, que de me faire un pareil affront; qu'ils n'avaient donc qu'à prendre le parti qu'ils jugeraient convenable. Il leur proposa ensuite d'aller lui-même à terre avec le bosseman, pour voir de quelle manière on pourrait arranger ce différend.

Ils rejetèrent unanimement cette proposition, en disant qu'ils ne voulaient plus avoir rien de commun avec moi, ni à terre, ni à bord du vaisseau, et que, si j'y rentrais, ils étaient tous résolus de l'abandonner. « Eh bien!

répliqua le capitaine, si vous êtes tous dans cette intention, j'irai seul parler à mon oncle. » Il le fit, et il vint justement à l'instant où l'on venait de m'apprendre la résolution qu'on avait prise à mon égard.

J'étais ravi de le voir, car j'avais craint qu'ils ne l'emprisonnassent, et qu'ils ne partissent avec le navire, ce qui m'aurait forcé à demeurer seul, sans argent, et dans une situation plus terrible que celle où je m'étais trouvé autrefois dans mon île.

Heureusement ils ne poussèrent pas leur insolence jusque là, et lorsque mon neveu me raconta qu'ils avaient juré de s'en aller tous si je rentrais dans le vaisseau, je lui dis de ne point s'en embarrasser, et que j'étais résolu de rester à terre; qu'il eût soin seulement de me faire apporter mes effets et une bonne somme d'argent, et que je trouverais bien le moyen de revenir en Angleterre.

Quoique mon neveu fût au désespoir de me laisser là, il vit bien qu'il n'y avait pas d'autre parti à prendre. Il retourna donc à bord, et dit à ses gens, que son oncle cédait à leur importunité. Ce discours calma l'orage, et l'équipage rentra dans le devoir; il n'y eut que moi d'embarrassé, ne sachant quel parti prendre.

Je me trouvais dans l'endroit le plus reculé du monde, éloigné de l'Angleterre de trois mille lieues de plus que quand j'étais dans mon île. Il est vrai que je pouvais revenir par terre, en passant par le pays du Grand-Mogol jusqu'à Surate; de là je pouvais me rendre par mer à Bassora, dans le golfe Persique, d'où je pouvais aller avec les caravanes, par les déserts de l'Arabie, jusqu'à Alep et Sanderon. De là je passais en France par l'Italie : toutes ces courses, jointes à celles que j'avais faites, égalaient le diamètre entier du globe, et peut-être davantage.

Il y avait encore un autre parti à prendre, c'était d'attendre quelques vaisseaux anglais qui, venant d'Achem dans l'île de Sumatra, devaient passer au Bengale; mais comme j'étais venu là sans avoir rien à démêler avec la compagnie anglaise des Indes orientales, il m'aurait été difficile d'en sortir sans son consentement, qu'il m'était impossible d'obtenir, sinon par une grande faveur des capitaines de ses vaisseaux, ou des facteurs de la compagnie, et je n'avais pas la moindre relation ni avec les uns ni avec les autres.

Tandis que j'étais dans cet embarras, j'eus la douleur de voir partir le vaisseau sans moi; ce qui peut-être n'était jamais arrivé à un homme dans une situation comme la mienne, à moins que l'équipage ne se fût révolté, et n'eût mis à terre ceux qui ne voulaient pas consentir à son mauvais dessein.

Ce qui me consolait un peu, c'est que mon neveu m'avait laissé un domestique et un compagnon. Ce dernier était le commis du caissier du vaisseau, et l'autre était le valet du capitaine. Je pris un appartement chez une Anglaise, où logeaient plusieurs autres marchands anglais, français et juifs italiens. J'y fus parfaitement bien traité, et j'y restai quelque temps pour considérer mûrement par quel moyen je pourrais revenir en Angleterre le plus commodément et avec le plus de sûreté.

J'avais des marchandises anglaises d'une assez grande valeur, et une somme assez considérable. Mon neveu m'avait laissé mille pièces de huit, et une lettre de crédit pour une somme beaucoup plus considérable, de sorte que je ne courais pas le moindre risque de manquer d'argent.

Je me défis d'abord de mes marchandises très-avantageusement, et, suivant l'intention que j'avais eue en commençant le voyage, j'achetai des diamants; ce qui réduisit mon bien dans un petit volume, qui ne pouvait m'embarrasser pendant le voyage.

Après y être demeuré assez long-temps, sans goûter aucune des propositions qu'on m'avait faites touchant les moyens de retourner en Europe, un marchand anglais qui logeait dans la même maison, et avec qui j'avais lié une étroite amitié, vint un matin dans ma chambre. « Mon cher compatriote, me dit-il, je viens vous communiquer un projet qui me plaît fort, et qui pourra bien vous plaire aussi; nous sommes placés, vous par accident, et moi par mon propre choix, dans un endroit du monde fort éloigné de notre patrie, mais dans un pays où il y a beaucoup à gagner pour des hommes comme vous et moi qui entendons le commerce. Si vous voulez joindre mille livres sterling à mille autres que je fournirai, nous louerons ici le premier vaisseau qui nous conviendra : vous serez capitaine et moi marchand, et nous ferons le voyage de la Chine. Tout roule, tout s'agite dans le monde; il n'y a de fainéants que parmi les hommes : par quelle raison demeurerions-nous dans une lâche oisiveté ? »

Je goûtai fort cette proposition, d'autant plus qu'elle me fut faite avec beaucoup de marques d'amitié et de franchise. L'incertitude de ma situation contribua beaucoup à m'engager dans le commerce, qui n'était pas naturellement l'élément qui me fût le plus propre : en récompense, le projet de voyager touchait la véritable corde de mes inclinations, et jamais une proposition d'aller voir une partie du monde qui m'était inconnue ne pouvait m'être faite mal à propos.

Quelque temps s'écoula avant que nous pussions trouver un navire qui nous convînt; et quand nous l'eûmes trouvé, il nous fut très-difficile d'avoir des matelots anglais autant qu'il nous en fallait pour diriger ceux du pays que nous pouvions comprendre sans peine. Bientôt pourtant nous engageâmes un contre-maître, un bosseman et un canonnier, tous Anglais, un charpentier hollandais et trois matelots portugais, qui suffisaient pour veiller sur nos mariniers indiens.

Nous allâmes d'abord à Achem, dans l'île de Sumatra, puis à Siam, où nous échangeâmes quelques-unes de nos marchandises contre de l'opium et de l'arack, sachant que la première de ces marchandises surtout est d'un grand prix à la Chine, particulièrement à cette époque, où ce vaste empire en manquait. Dans cette première course, nous allâmes jusqu'à Juskan; nous fîmes un très-bon voyage, qui nous prit neuf mois, et nous retournâmes au Bengale, très-contents de ce coup d'essai.

Mes compatriotes sont fort surpris des fortunes prodigieuses que font dans ce pays-là les officiers de la compagnie, qui y gagnent en peu de temps soixante, soixante-dix, et quelquefois jusqu'à cent mille livres sterling. Mais la chose n'est pas surprenante pour ceux qui considèrent le grand nombre de ports, où nous avons un libre commerce, où les habitants cherchent avec la plus grande ardeur tout ce qui vient des pays étrangers, et, qui plus est, où l'on a la liberté d'acheter un si grand nombre de choses qu'on vend ailleurs, en faisant un profit très-considérable.

Je gagnai beaucoup dans ce premier voyage; j'acquis des lumières pour faire de plus grands bénéfices, et, si j'avais eu vingt années de moins, j'y serais resté avec plaisir, bien sûr d'y acquérir une immense fortune : mais j'étais plus que sexagénaire; je possédais assez de richesses, et j'étais sorti de ma patrie moins pour amasser des trésors que pour satisfaire un désir inquiet de courir le monde.

Mon associé avait des idées toutes différentes des miennes. Je ne le dis pas pour faire entendre que les siennes fussent les moins raisonnables; au contraire, je conviens qu'on doit généralement les trouver plus justes et mieux assorties aux vues d'un marchand, dont la sagesse consiste à s'attacher aux objets lucratifs. Cet honnête homme ne songeait qu'au solide, et il eût été content d'aller et de venir toujours par les mêmes chemins et de loger dans le même gîte, pourvu qu'il y eût *trouvé son compte*, selon la phrase marchande. Dans le temps que mes délibérations ne faisaient que me rendre plus irrésolu, mon ami, qui cherchait toujours des occupations nouvelles, me proposa un autre voyage vers les îles d'où l'on tire les épiceries, afin d'y charger une cargaison entière de clous de girofle. Son intention était d'aller aux îles Manilles, où les Hollandais font le principal commerce, quoiqu'elles appartiennent en partie aux Espagnols.

Nous ne trouvâmes pas à propos cependant de pousser si loin, n'ayant pas grande envie de nous hasarder dans des endroits où les Hollandais ont un pouvoir absolu, comme à Java et à Ceylan. Tout ce qui retarda le plus notre course, c'était mon incertitude; mais, dès que mon ami m'eut gagné, les préparatifs furent bientôt faits. Nous touchâmes à l'île de Bornéo et à plusieurs autres dont j'ai oublié le nom; et notre voyage, qui ne réussit pas moins bien que le premier, ne dura en tout que cinq mois.

Nous vendîmes nos épiceries, qui consistaient principalement en clous de girofle et en noix muscades, à des marchands de Perse; nous gagnâmes cinq pour un, et par conséquent nous fîmes un profit extraordinaire.

Quand nous réglâmes nos comptes, mon ami me regardant en souriant : « Eh bien! me dit-il, ceci ne vaut-il pas mieux que d'aller courir de côté et d'autre? » C'est ce dont je convins sans peine.

Peu de temps après notre retour, un vaisseau hollandais, de deux cents tonneaux à peu près, arriva au Bengale; il était destiné à visiter les côtes, et non à passer d'Europe en Asie, et d'Asie en Europe. On nous débita que tout l'équipage étant tombé malade, et le capitaine n'ayant pas assez de monde pour tenir la mer, le navire avait été forcé de relâcher au Bengale; que le capitaine ayant gagné assez d'argent, avait envie de retourner en Europe, et voulait vendre son vaisseau.

Je sus cette affaire plus tôt que mon associé, et, désirant faire cet achat, je courus au logis pour l'en informer. Il réfléchit pendant quelque temps, car il n'était nullement homme à précipiter ses résolutions. « Ce bâtiment est un peu trop gros, me dit-il, mais cependant il faut que nous l'ayons. »

Nous achetâmes le vaisseau, et nous nous décidâmes à en garder les matelots pour les joindre à ceux que nous avions déja; mais tout d'un coup ayant reçu chacun, non leurs gages, mais leur portion de l'argent qui avait été donné pour le navire, ils s'en allèrent. Nous ignorâmes pendant quelque temps ce qu'ils étaient devenus, et nous découvrîmes à la fin qu'ils avaient pris la route d'Agra, lieu de la résidence du Grand-Mogol; que de là ils avaient dessein d'aller à Surate, afin de s'y embarquer pour le golfe Persique.

Rien ne m'avait si fort affligé depuis longtemps que de ne les avoir pas suivis; une telle course dans une grande compagnie m'eût procuré en même temps et du divertissement et de la sûreté, et m'aurait rapproché de ma patrie. Mais ce chagrin se passa en peu de jours, quand je sus quelle sorte de gens étaient ces Hollandais. L'homme qu'ils appelaient capitaine n'était que le canonnier. Attaqués à terre par les Indiens, qui avaient tué le véritable commandant du vaisseau avec trois matelots, ces coquins, au nombre de onze, avaient pris la résolution de s'en aller avec le vaisseau; ils le firent, après avoir laissé en effet à terre le contre-maître et cinq hommes.

Quoi qu'il en soit, nous crûmes avoir un bon droit à la possession du vaisseau, quoique nous sentissions bien que nous ne nous étions pas informés assez exactement du titre de propriété de ces malheureux avant que de conclure le marché. Si nous les avions questionnés comme il le fallait, ils se seraient coupés, selon toutes les apparences; ils seraient tombés en contradiction les uns avec les autres, et peut-être chacun avec soi-même. Il est vrai qu'ils nous montrèrent un transport où était nommé un Emmanuel Cloosterhooven : je m'imagine que tout cela était supposé; mais lorsque nous traitâmes, nous n'avions aucune raison de les soupçonner.

Nous voyant maîtres d'un aussi considérable bâtiment, nous engageâmes un plus grand nombre de matelots anglais et hollandais, et nous nous déterminâmes à un second voyage du côté du sud, vers les îles Philippines et Moluques, pour chercher des clous de girofle.

Je passai six ans dans ce pays à faire le négoce avec beaucoup de succès, et la dernière année je pris, avec mon associé, le parti d'aller sur notre vaisseau même faire un tour vers la Chine, après avoir acheté du riz dans le royaume de Siam.

Durant cette course, forcés par les vents contraires d'aller et de venir pendant quelque temps dans les détroits qui séparent les îles Moluques, nous ne nous en fûmes pas plus tôt délivrés, que nous nous aperçûmes qu'il s'était fait une voie d'eau à notre navire, et, quelque peine que nous prissions, il nous fut impossible de découvrir où elle était. Cet inconvénient nous obligea de chercher quelque port; et mon associé, qui connaissait ces pays mieux que moi, conseilla au capitaine d'entrer dans la rivière de Cambogia. Je dis le capitaine, car, ne voulant pas me charger du commandement de deux vaisseaux, j'avais établi pour capitaine de celui-ci notre contre-maître, M. Thomson. La rivière dont je viens de parler est au nord du golfe qui va du côté de Siam.

Nous allions tous les jours à terre pour nous procurer des rafraîchissements. Il arriva un matin qu'un homme vint me parler avec empressement. C'était le second canonnier d'un vaisseau de la compagnie des Indes, alors à l'ancre dans la même rivière, près de la ville de Cambogia. « Monsieur, me dit-il, vous ne me connaissez pas; cependant j'ai quelque chose à vous dire qui vous touche de près. »

Je le regardai attentivement, et je crus d'abord le reconnaître; mais je me trompais. « Si cette affaire me regarde de près, lui répondis-je, sans que vous y soyez intéressé, qu'est-ce qui vous porte à me la communiquer? — J'y suis porté, répondit-il, par le grand danger qui menace votre tête, sans que vous en ayez la moindre connaissance. »

« Tout le péril où je crois être, lui répliquai-je, c'est que mon vaisseau a fait une voie d'eau ; mais j'ai dessein de le mettre sur le côté pour tâcher de la découvrir. — Monsieur, monsieur, me dit-il, si vous êtes sage, vous ne songerez point à toutes ces misères quand vous saurez ce que j'ai à vous dire. Savez-vous que la ville de Cambogia n'est pas fort loin d'ici, et qu'il y a près de là deux gros vaisseaux anglais et trois hollandais? — Peu m'importe, lui répondis-je. — Comment! monsieur, reprit-il, est-il de la prudence d'un homme qui cherche des aventures comme vous, d'entrer dans un port sans examiner auparavant quels vaisseaux peuvent être à l'ancre, et s'il est en état de leur faire tête? Vous savez bien, je m'imagine, que la partie n'est pas égale. »

Ce discours ne m'inquiéta point, parce que je n'y comprenais rien ; je dis à mon homme qu'il s'expliquât plus clairement, et que je ne voyais aucune raison pour moi de craindre les vaisseaux des compagnies anglaise et hollandaise, puisque je ne fraudais point les droits, et que je ne faisais aucun commerce défendu. « Fort bien, monsieur, me dit-il en souriant d'un petit air aigre-doux, si vous vous croyez en sûreté, vous n'avez qu'à rester; je suis mortifié pourtant de voir que votre sécurité vous fait rejeter un avis salutaire. Soyez persuadé que, si vous ne levez pas l'ancre dans le moment, vous allez être attaqué par cinq chaloupes remplies de monde, et que si l'on vous prend, on commencera par vous pendre comme pirate, quitte à vous faire votre procès après. J'aurais cru, monsieur, qu'un avis de cette importance m'aurait procuré une meilleure réception que celle que vous me faites. — Je n'ai jamais été ingrat, lui dis-je, pour ceux qui m'ont rendu service; mais il m'est absolument impossible de comprendre le motif du dessein que, selon vous, on a pris contre moi. Cependant je veux profiter de vos conseils, et puisqu'on a formé un projet si abominable contre moi, je pars dans le moment, et je donnerai ordre qu'on mette à la voile si l'on a bouché la voie d'eau, ou si elle ne nous empêche pas de tenir la mer. Mais, monsieur, faudra-t-il que je prenne ce parti sans connaître cette affaire à fond, et ne pourriez-vous pas me donner quelques lumières? »

« Je n'en sais qu'une partie, me dit-il; mais j'ai avec moi un marinier hollandais qui pourrait vous instruire si le temps le permettait. Vous ne sauriez l'ignorer entièrement vous-même, car voici ce dont il s'agit. Vous avez conduit le vaisseau à Sumatra, où le capitaine a été tué avec trois de ses gens par les insulaires, et vous vous en êtes allé depuis avec le même navire pour exercer la piraterie. Telle est la base de toute cette affaire, et l'on vous exécutera en qualité de pirate sans beaucoup de formalités. Vous savez que les vaisseaux marchands n'agissent guère autrement avec les écumeurs de mer quand ils les ont en leur pouvoir. »

« Je vous comprends à présent, lui dis-je, et je vous remercie. Quoique nous n'ayons aucune part dans le crime dont vous venez de parler, et que nous nous soyons procuré la propriété du vaisseau par les voies les plus légitimes, je veux pourtant prendre mes précautions pour éviter le malheur dont je suis menacé. — Prendre vos précautions ! monsieur, répondit-il brusquement, vous vous servez d'une expression bien faible. La meilleure précaution ici est de se mettre au plus vite à l'abri du danger. Si vous vous intéressez à votre propre vie et à celle de tous vos compagnons, vous lèverez l'ancre sans délai dès que l'eau sera haute ; vous profiterez de toute la marée, et vous serez déja bien loin en mer avant qu'ils puissent descendre jusqu'ici. Ils doivent se servir de la marée aussi bien que vous ; et comme ils sont à vingt milles, vous les devancerez de deux bonnes heures, et s'il fait un vent un peu vif, leurs chaloupes n'oseront vous donner la chasse en pleine mer. »

« Monsieur, lui dis-je, vous me rendez un service très-important ; que voulez-vous que je fasse pour vous en témoigner ma reconnaissance ? — Vous n'ètes pas peut-être assez convaincu de la vérité de mon avis, me répondit-il, pour avoir réellement envie de m'en récompenser. Cependant, si vous parlez sérieusement, j'ai une proposition à vous faire. On me doit dix-neuf mois de paie dans le vaisseau sur lequel je suis venu d'Angleterre, et il en est dû sept à mon camarade le Hollandais; si vous voulez nous les payer, nous suivrons votre fortune sans vous demander plus, si rien ne s'offre qui soit capable de vous convaincre de la vérité de mon avis; dans le cas contraire, nous vous laisserons le maître de nous récompenser comme vous le jugerez à propos. » J'y consentis, et dans le moment même je revins au vaisseau avec eux. A peine en étais-je approché que mon associé, qui était resté à bord, monta sur le tillac, et me cria que la voie d'eau venait d'être bouchée. « Dieu soit loué, lui dis-je; mais qu'on lève l'ancre au plus vite. — Et pourquoi donc? me répondit-il. — Point de question, lui répliquai-je; que tout l'équipage mette la main à l'œuvre, et qu'on lève l'ancre sans perdre une seule minute. »

Quelque surpris qu'il fût de cet ordre, il ne laissa pas d'appeler le capitaine, et de le lui communiquer; et quoique la marée ne fût pas encore tout-à-fait haute, favorisés d'un vent frais qui venait de terre, nous mîmes à la voile. J'appris de suite à mon associé tout ce que je savais de cette histoire, et les deux nouveaux venus racontèrent le reste.

Comme ce récit demandait du temps, un des matelots vint dire de la part du capitaine que cinq chaloupes fort chargées de monde nous donnaient la chasse; ce qui nous fit voir évidemment que l'avis que nous avions reçu n'était que trop bien fondé. J'assemblai tout l'équipage, et je l'instruisis du dessein qu'on avait formé de prendre notre vaisseau, et de nous traiter tous comme des pirates; je leur demandai s'ils étaient résolus à se défendre: ils répondirent tous d'un ton d'enthousiasme qu'ils voulaient vivre et mourir avec nous.

Comme j'étais du sentiment qu'il fallait se battre jusqu'à notre dernier soupir, je voulus savoir du capitaine ce qu'il fallait faire pour nous défendre avec succès. Il me dit qu'il serait bon de tenir les ennemis en respect avec notre artillerie tant que nous le pourrions: qu'ensuite il fallait leur envoyer de bonnes salves de mousqueterie, et que, si cependant ils approchaient du vaisseau, le meilleur parti serait de nous retirer sous le tillac, qu'il leur serait peut-être impossible de mettre en pièces, faute des instruments nécessaires.

Nous donnâmes en même temps ordre au canonnier de placer près du gouvernail deux pièces chargées à cartouche, pour nettoyer le tillac en cas de besoin ; et dans cette attitude nous attendîmes les ennemis, gagnant toujours la haute mer à l'aide d'un vent favorable. Nous voyions distinctement les chaloupes à quelque distance de nous ; elles étaient très-grandes, montées d'un équipage nombreux, et elles faisaient force de voiles pour nous atteindre. Deux, que nous reconnûmes pour être anglaises, devançaient de beaucoup les autres, et gagnaient sur nous considérablement. Quand nous les vîmes sur le point de nous atteindre, nous tirâmes un coup de canon sans boulet pour leur donner le signal que nous voulions entrer en conférence avec eux, et nous mîmes pavillon blanc. Ils continuaient toujours à nous suivre, mettant au vent toutes les voiles qu'ils avaient. Quand nous les vîmes à portée, nous mîmes pavillon rouge, et leur tirâmes un coup de canon à boulet. Ils s'avancèrent cependant si près de nous, que nous pûmes les avertir du danger qu'ils couraient s'ils approchaient davantage.

Mais cet avertissement ne fut pas écouté; nous remarquâmes qu'ils faisaient tous leurs efforts pour venir sous notre poupe, et pour attaquer le vaisseau par là. Persuadé qu'ils se fiaient aux forces qui les suivaient, et les voyant vis-à-vis de notre bord, je leur fis tirer cinq coups de canon, dont un emporta toute la poupe de la chaloupe la plus éloignée; ce qui força les matelots à baisser toutes les voiles, et à se jeter tous du côté de la proue, de peur d'aller à fond. Cet échec n'empêcha pas la chaloupe la plus avancée de continuer son chemin. A l'instant où nous nous préparions à tirer dessus, une des trois qui suivaient s'en alla droit à celle qui venait d'être mise dans un si pitoyable état, et en tira tous les hommes. Nous arraisonnâmes, pour la seconde fois, la chaloupe la plus avancée; au lieu de répondre, elle s'efforça de gagner notre poupe. Notre canonnier, qui entendait son métier à merveille, lui tira deux coups ; ils manquèrent l'un et l'autre, ce qui porta ceux de la chaloupe à pousser un grand cri, en tournant leurs bonnets sur leur tête, par bravade. Le canonnier, préparé de nouveau, fit feu sur eux avec plus de succès, car un des coups donna au milieu des matelots, et l'effet en fut terrible. Ils furent suivis de trois autres, qui les mirent dans un grand désordre. Pour les achever, notre canonnier fit encore feu sur eux des deux autres pièces ; la chaloupe faillit couler à fond, et plusieurs matelots furent précipités à la mer.

Je fis aussitôt armer la pinasse du vaisseau, et je dis à nos gens d'empêcher nos ennemis de se noyer, d'en prendre autant qu'ils pourraient, et de revenir avec eux à bord aussitôt ; car nous voyions déja les autres chaloupes avancer sur nous avec vitesse.

Ils suivirent ponctuellement mes ordres, et en prirent trois, parmi lesquels il y en avait un qui était sur le point de se noyer, et que nous eûmes bien de la peine à faire revenir à lui. Nous fîmes force de voiles pour gagner la haute mer; aussitôt que les trois dernières chaloupes eurent rejoint les deux autres, elles cessèrent leurs poursuites.

Délivré d'un si grand péril, auquel j'étais loin de m'attendre, je résolus de changer de cours, et d'ôter par là le moyen de deviner où nous allions. Nous portâmes du côté de l'est, hors de la route de tous les vaisseaux européens.

N'ayant plus rien à craindre, nous questionnâmes nos deux nouveaux venus sur les motifs de l'entreprise qu'on venait de diriger contre nous, et le Hollandais nous en découvrit tout le mystère. Il nous apprit que celui qui nous avait vendu le vaisseau n'était qu'un scélérat qui s'en était emparé après que le capitaine eut été tué par les insulaires avec trois de ses gens. Il avait lui-même été de cet équipage, et s'était échappé des mains des barbares en se cachant, lui quatrième, dans un bois, où ils restèrent quelque temps. Ensuite il s'était sauvé seul d'une manière miraculeuse, en abordant à la nage la chaloupe d'un vaisseau hollandais qui revenait de la Chine, et qui s'était mis à l'ancre sur cette côte pour faire de l'eau.

Il était depuis quelque temps à Batavia lorsqu'il y arriva deux hommes de ce vaisseau, qui avaient abandonné leurs compagnons pendant le voyage, et qui leur apprirent que le canonnier s'était enfui avec le navire, et l'avait vendu au Bengale à une troupe de pirates qui avaient déja pris un bâtiment anglais et deux hollandais très-richement chargés.

Cette dernière partie de son discours nous embarrassa fort, quoique nous en connussions toute la fausseté; nous vîmes évidemment que, si nous fussions tombés entre les mains de ceux qui venaient de nous poursuivre avec tant d'acharnement, c'eût été fait de nous. En vain aurions-nous défendu notre innocence contre des gens si cruellement prévenus, qui auraient été à-la-fois nos accusateurs et nos juges.

Cette considération fit croire à mon associé que le meilleur parti pour nous était de retourner au Bengale, sans toucher à aucun port. Nous pouvions nous justifier là sans peine, en démontrant où nous avions été quand le navire en question y était entré, de qui nous l'avions acheté, et de quelle manière; et, si l'affaire devait être débattue devant les juges, nous étions sûrs d'obtenir une sentence qui nous acquitterait.

Je fus d'abord de l'opinion de mon associé; mais je la rejetai après y avoir songé plus mûrement; nous nous trouvions de l'autre côté du détroit de Malacca, et nous ne pouvions retourner au Bengale sans courir les plus grands dangers. Le bruit de notre crime prétendu et de la mauvaise réception que nous avions faite à nos agresseurs devait avoir donné l'alarme partout, et nous devions être épiés en chemin par tous les vaisseaux anglais et hollandais. Notre retour aurait eu tout l'air d'une fuite, et il n'en fallait pas davantage pour nous faire condamner. Je communiquai ces réflexions à l'Anglais qui nous avait découvert la conspiration formée contre nous, et il ne les trouva que trop solides.

Nous résolûmes d'aller chercher la côte de Tunquin, et de là celle de la Chine, en continuant nos opérations de commerce, de vendre quelque part notre vaisseau, et de nous en retourner avec quelque bâtiment du pays. Ces mesures nous parurent les meilleures pour notre sûreté, et nous fîmes cours nord-nord-est, en nous mettant plus au large de cinquante lieues, qu'en suivant la route ordinaire.

Ce parti nous jeta dans de grands inconvénients. A cette hauteur nous trouvâmes les vents plus constamment contraires, venant d'ordinaire de l'est-nord-est, ce qui devait prolonger notre voyage ; malheureusement nous étions assez mal pourvus de vivres ; il y avait à craindre que les vaisseaux dont les chaloupes nous avaient attaqués n'entrassent dans ces ports avant nous, ou que quelque autre navire, informé de tout ce qui venait de se passer, ne nous poursuivît avec opiniâtreté.

J'avoue que je ne me crus jamais dans une plus fâcheuse situation. Tous mes torts, depuis ma jeunesse, avaient consisté à être mon propre ennemi, et c'était la première fois de ma vie que je courais risque d'être traité comme un criminel. J'étais parfaitement innocent, sans qu'il me fût possible de donner des preuves convaincantes de mon innocence.

Mon associé, me voyant abîmé dans une profonde mélancolie, quoiqu'il eût été d'abord aussi embarrassé que moi, cherchait à me distraire en me faisant une exacte description des différents ports de cette côte ; il me dit qu'il était d'avis que nous cherchassions un asile dans la Cochinchine ou dans la baie de Tunquin, d'où nous pourrions gagner Macao, ville autrefois aux Portugais, et où il se trouvait encore un grand nombre de familles européennes, et surtout des missionnaires qui s'y étaient rendus dans l'intention de passer de là en Chine.

Nous nous en tînmes à cette résolution, et après un voyage fort ennuyeux, dans lequel nous souffrîmes beaucoup par la disette des vivres, nous découvrîmes la côte de la Cochinchine, et nous prîmes le parti d'entrer dans une petite rivière où il y avait pourtant assez d'eau pour notre bâtiment, résolus de nous y informer, ou par terre, ou par le moyen de notre pinasse, s'il se trouvait quelques vaisseaux dans les ports d'alentour.

La précaution que nous avions prise d'entrer dans cette petite rivière fut très-heureuse; le lendemain matin nous vîmes entrer dans la baie de Tunquin deux vaisseaux hollandais et un autre sans pavillon, que nous crûmes également hollandais; ces bâtiments passèrent à deux lieues de nous, faisant cours vers la côte de la Chine. L'après-dînée nous aperçûmes encore deux bâtiments anglais qui prenaient la même route.

Les habitants de cette côte étaient barbares et voleurs; nous n'avions de relations avec eux que pour nos provisions; cependant nous eûmes de la peine à nous garantir de leurs insultes.

La rivière où nous étions n'était qu'à quelques lieues des limites septentrionales du pays, et, en côtoyant avec notre chaloupe, nous découvrîmes la pointe de tout le royaume au nord-est, où s'ouvre la grande baie de Tunquin.

C'était en suivant les côtes de cette manière que nous avions découvert les vaisseaux ennemis dont nous étions environnés de toutes parts.

Les habitants de cette côte ne vivent que de poisson, d'huile, et des aliments les plus grossiers. Une marque évidente de leur barbarie excessive est l'exécrable coutume qu'ils ont de réduire en esclavage tous ceux qui malheureusement viennent à faire naufrage sur leurs côtes.

J'ai dit plus haut qu'il s'était fait une voie d'eau à notre navire. Quoiqu'elle eût été bouchée d'une manière aussi peu attendue qu'heureuse, dans l'instant même où nous allions être assaillis par les chaloupes anglaises et hollandaises, n'ayant cependant pas trouvé le bâtiment aussi sain que nous l'aurions bien voulu, nous résolûmes d'en tirer tout ce qu'il y avait de plus pesant, et de le mettre sur le côté pour le nettoyer et pour retrouver la voie d'eau s'il était possible. Ayant mis d'un seul côté les canons et la charge du navire, nous le renversâmes, afin de pouvoir aller jusqu'à la quille.

Les habitants qui n'avaient jamais rien vu de pareil, descendirent aussitôt vers le rivage, et découvrant le vaisseau couché sur le côté, sans apercevoir nos gens qui travaillaient dans les chaloupes et sur les échafaudages, du côté opposé, ils s'imaginèrent que le bâtiment avait fait naufrage, et qu'en échouant il s'était renversé.

Environ trois heures après, ils vinrent avec dix ou douze grandes barques, montées chacune de huit rameurs, résolus, selon toute apparence, de piller le vaisseau, et de mener ceux de l'équipage dont ils s'empareraient vers leur roi; dans ce cas nous devions nous attendre à l'esclavage. Étant avancés du côté du vaisseau, ils en firent le tour, et ils nous découvrirent travaillant de toutes nos forces à la quille et au côté du navire. Ils ne firent d'abord que nous contempler, sans qu'il nous fût possible de deviner leur dessein. Cependant nous profitâmes de cet intervalle pour faire entrer quelques-uns des nôtres dans le vaisseau, afin qu'ils donnassent des armes et des munitions à ceux qui travaillaient. Il fut bientôt temps de s'en servir; car, après s'être consultés pendant un quart d'heure, ils avancèrent sur nous comme sur une proie certaine.

Nos gens, les voyant approcher en si grand nombre, commencèrent à s'effrayer : ils étaient dans une assez mauvaise position pour se défendre. Je commandai à ceux qui étaient sur l'échafaudage de chercher à rentrer dans le vaisseau au plus vite, et à ceux qui étaient dans les chaloupes d'en faire le tour et d'y entrer aussi. Pour nous, qui étions à bord, nous fîmes tous nos efforts pour redresser le bâtiment. Cependant ni ceux de l'échafaudage, ni ceux des chaloupes ne purent exécuter nos ordres, parce qu'un moment après ils eurent les barbares sur les bras, déja deux de leurs barques avaient abordé notre pinasse.

Le premier sur lequel ils mirent la main était un Anglais aussi brave que robuste; il prit par les cheveux celui qui l'avait saisi, et, l'ayant tiré de sa barque dans la nôtre, il lui cogna si fort la tête contre un des bords de la chaloupe, qu'il la lui brisa.

En même temps un Hollandais, qui était à

côté de lui, ayant pris un mousquet par le canon, fit le moulinet si habilement, qu'il terrassa cinq ou six des ennemis qui voulaient se jeter dans la chaloupe.

Ce n'en était pas assez pour repousser trente ou quarante hommes, qui se précipitaient dans la pinasse, où ils ne s'attendaient à aucun danger; mais un hasard des plus heureux nous donna une victoire complète.

Notre charpentier se préparant à enduire de suif et à goudronner le dehors du vaisseau, venait de faire descendre dans la pinasse deux chaudrons, l'un rempli de poix bouillante, et l'autre de poix-résine, de suif, d'huile et d'autres matières semblables. L'aide-charpentier avait encore à la main une grande cuiller de fer, avec laquelle il fournissait aux autres ce liquide chaud; voyant deux Cochinchinois arriver près de lui, il les arrosa d'une cuillerée de cette matière, qui les força de se jeter à la mer, en mugissant comme des taureaux. « Jean, s'écria le charpentier, ils trouvent la soupe bonne; donne-leur-en encore une écuellée. » En même temps il courut de ce côté avec un de ces torchons qu'on attache à un bâton pour laver le vaisseau, et le trempant dans la poix, il en jeta une si grande quantité sur ces forcenés, et Jean avec sa cuiller la leur prodigua si libéralement, qu'il n'y en eut pas un seul dans les trois barques qui ne fût horriblement grillé. L'effet en était d'autant plus grand et plus prompt, que ces malheureux étaient presque nus, et je puis dire que de mes jours je n'ai entendu de cris plus affreux que ceux qu'ils poussèrent.

Cette victoire si singulièrement obtenue nous délivra d'un danger qui, sans cet expédient, aurait été très-grand.

Pendant cette étrange bataille, nous avions, mon associé et moi, si bien employé notre monde, que le vaisseau fut enfin redressé. On avait déja remis les canons à leur place, et le canonnier me pria d'ordonner à ceux de nos chaloupes de se retirer, parce qu'il voulait tirer sur les ennemis.

Je le lui défendis, persuadé que le charpentier nous en délivrerait bien sans le secours du canon; et j'ordonnai au cuisinier de faire chauffer une autre chaudronnée de poix. Mais heureusement nous n'en eûmes pas besoin : les pauvres diables étaient si mécontents de leur premier assaut, qu'ils n'eurent garde d'en tenter un second. D'ailleurs ceux qui se trouvaient le plus éloignés de nous, voyant le vaisseau redressé et à flot, reconnurent leur méprise, et ne jugèrent pas à propos de pousser plus loin leur dessein.

Après nous être ainsi tirés d'affaire, ayant apporté à bord, quelques jours auparavant, seize porcs, du riz, des racines et du pain, nous résolûmes de remettre en mer, à quelque prix que ce fût, convaincus que, le jour d'après, nous nous trouverions environnés d'un si grand nombre de barbares, que le même moyen serait insuffisant pour nous en délivrer.

Le soir, nous reportâmes tous nos effets dans le vaisseau, et le lendemain matin nous fûmes en état de mettre à la voile. Nous nous tînmes à l'ancre à quelque distance du rivage, pour achever tout ce que nous avions à faire à bord ; ce qui nous prit un jour. Le lendemain, nous fîmes voile. Nous désirions entrer dans la baie de Tunquin pour savoir ce qu'étaient devenus les vaisseaux hollandais qui s'y étaient trouvés; mais nous y avions vu entrer plusieurs autres bâtiments depuis peu, et nous n'osâmes nous y basarder. Nous craignions de rencontrer quelque vaisseau anglais ou hollandais, autant qu'un navire marchand européen, voguant dans la Méditerranée, craint de rencontrer un vaisseau de guerre algérien.

Nous nous dirigeâmes d'abord vers le nord-est, comme si nous voulions aller aux îles Manilles ou aux Philippines; ensuite nous tournâmes vers le nord pour arriver à l'île Formose, située au vingt-deuxième degré trois minutes de latitude. Nous mîmes à l'ancre pour prendre de l'eau fraîche et d'autres provisions; nous en fûmes fournis abondamment par les insulaires, qui montrèrent beaucoup d'intégrité dans tout le commerce que nous eûmes ensemble: peut-être cette probité est-elle le fruit de la religion chrétienne, que des missionnaires hollandais y portèrent jadis.

De là nous continuâmes à nous diriger vers le nord en nous tenant toujours à une distance égale des côtes de la Chine; et de cette manière nous passâmes devant tous les ports où les vaisseaux européens ont coutume de relâcher, bien résolus de faire tous nos efforts pour ne pas tomber entre leurs mains.

Parvenus au trente-troisième degré de latitude, nous résolûmes d'entrer dans le premier port que nous trouverions; à cet effet, nous avançâmes vers le rivage, et nous n'en étions qu'à deux lieues quand une barque vint à notre rencontre avec un vieux pilote portugais, qui, ayant vu que notre vaisseau était européen, venait nous offrir ses services. Cette offre nous fit plaisir, et nous le prîmes à bord; sans demander où nous voulions aller, il renvoya sa barque.

Nous étions alors maîtres de nous faire mener où nous le jugerions convenable, et je proposai au bon vieillard de nous conduire au golfe de Nankin, qui est dans la partie la plus septentrionale de la côte de la Chine. Il nous répondit qu'il connaissait fort bien ce golfe, mais qu'il était curieux de savoir ce que nous y voulions faire. Je lui dis que nous avions envie d'y vendre notre cargaison, et d'acheter à la place des porcelaines, des toiles peintes, des soies crues, des soies travaillées, etc. Il nous répondit que le meilleur port pour ce genre de négoce eût été celui de Macao, où nous aurions pu nous défaire de notre opium très-avantageusement, et acheter des denrées de la Chine aussi bon marché qu'à Nankin.

Nous répondîmes que nous n'étions pas seulement marchands, mais encore voyageurs, et que notre but était de visiter la grande ville de Pékin, et la cour du monarque de la Chine. « Vous feriez donc bien, répondit-il, d'aller vers Ningpo, d'où, par la rivière, vous pouvez gagner en peu d'heures le grand canal, qui est partout navigable, et coupe dans toute son étendue le vaste empire chinois, croise tous les fleuves, traverse plusieurs collines par le moyen des écluses, et s'avance jusqu'à Pékin en parcourant une étendue de deux cent soixante-douze lieues. »

« Bien, répondis-je, mais ce n'est pas ce dont il s'agit : nous vous demandons seulement si vous pouvez nous conduire à Nankin, afin que nous puissions ensuite facilement nous rendre à la cour de l'empereur de la Chine. » Il me dit qu'il le pourrait sans peine, et que depuis peu un vaisseau hollandais avait pris justement la même route. Cette circonstance me déconcerta tellement que le vieillard s'en aperçut, et me dit que nous ne devions pas être alarmés, puisque les Hollandais n'étaient point en guerre avec notre nation. « Il est vrai, lui répondis-je; mais on ne sait pas de quelle manière ces gens-là nous traiteraient dans un pays où ils sont hors de la justice. — Il n'y a rien à craindre, repartit-il; vous n'êtes point pirates, et ils n'attaqueront point des marchands qui ne cherchent qu'à faire paisiblement leurs affaires. » Je fus tellement troublé à ces paroles, qu'il était impossible que le Portugais ne le remarquât pas.

« Monsieur, me dit-il, il semble que mon discours vous fasse de la peine; vous irez où vous le trouverez à propos, et soyez sûr que je vous rendrai tous les services dont je suis capable. — Il est vrai, lui répondis-je, je suis dans une assez grande irrésolution touchant la route qu'il faudra prendre, à cause des pirates dont vous venez de me parler. Nous ne sommes guère en état de leur tenir tête; vous voyez que notre navire n'est pas des plus considérables, et que l'équipage en est très-faible. »

« Vous pouvez être tranquille, me dit-il, aucun pirate n'a paru dans ces mers depuis quinze ans, excepté un seul qu'on a vu il y a environ un mois, dans la baie de Siam; mais il est sûr qu'il a tiré du côté du sud: d'ailleurs ce n'est point un vaisseau fort grand et propre à ce métier. C'est un navire marchand avec lequel l'équipage s'est enfui après la mort du capitaine, qui a été tué dans l'île de Sumatra. »

« Comment! dis-je, feignant de ne rien savoir de cette affaire, ces scélérats ont-ils tué leur propre capitaine? — Je ne peux l'assurer, répondit-il, mais comme dans la suite ils se sont rendus maîtres du vaisseau, il y a beaucoup d'apparence qu'ils l'ont trahi, et livré à la cruauté des Indiens. — A ce compte-là, dis-je, ils ont autant mérité la mort que s'ils l'avaient massacré de leurs propres mains. — Sans doute, repartit le bon vieillard; aussi seront-ils punis comme ils le méritent s'ils sont rencontrés par les Anglais ou par les Hollandais, qui se sont promis de ne point leur pardonner s'ils tombent entre leurs mains. »

Je lui demandai comment ils pouvaient espérer de rencontrer ce pirate, puisqu'il n'était plus dans ces mers. « On l'assure, reprit-il; mais ce qu'il y a de certain, c'est qu'il est entré dans la rivière de Cambogia, et qu'il y a été découvert par quelques Hollandais qu'il avait laissés à terre en se rendant maître du vaisseau. Il est certain encore que plusieurs capitaines anglais et hollandais qui se trouvaient dans cette rivière l'auraient pris, si leurs premières chaloupes eussent été secondées par les autres. Mais on a une description si exacte de ce bâtiment, qu'on le reconnaîtra sans peine partout où on le trouvera, et l'on a résolu unanimement de faire pendre à la grande vergue le capitaine et l'équipage. »

« Comment! dis-je, ils les exécuteront sans aucune formalité? ils commenceront par les pendre, et ensuite ils feront leur procès? — Bon! monsieur, me répondit-il, de quelle formalité voulez-vous qu'on se serve avec de pareils scélérats ? Il suffit de les jeter à la mer : ces coquins-là n'auront que ce qu'ils méritent. »

Voyant que le vieux Portugais ne pouvait quitter notre bord, et nous faire le moindre mal, je lui dis vivement : « Voilà justement la raison pour laquelle je veux que vous nous meniez à Nankin, et non à Macao, ou à quelque autre port fréquenté par les Anglais et les Hollandais. Sachez que ces capitaines dont vous venez de parler sont des insolents et des étourdis qui ne savent ce que c'est que la justice, puisqu'ils sont assez inconsidérés pour se hasarder à devenir meurtriers, puisqu'ils veulent faire exécuter des gens faussement accusés, les traiter en criminels, sans se donner la peine de les interroger et d'entendre leur défense. »

Je lui déclarai, sans hésiter, que le vaisseau où il se trouvait était justement celui qu'ils avaient attaqué avec cinq chaloupes, d'une manière aussi lâche que maladroite. Je lui contai en détail comment nous avions acheté notre navire, et tout ce qui était relatif à cette affaire ; mais je l'assurai qu'en signalant cet équipage comme composé de pirates, c'était débiter une fable inventée à plaisir; que nos ennemis auraient dû examiner plus mûrement cette affaire avant de nous attaquer, et qu'ils répondraient devant Dieu du sang qu'ils nous avaient forcés de répandre.

Le bon vieillard fut extrêmement surpris de ce récit, et nous dit que nous avions raison de ne pas vouloir aller du côté du nord : il nous conseilla de vendre notre navire dans quelque port de la Chine, et d'en acheter ou d'en construire un autre. « Vous n'en trouverez pas un si bon, ajouta-t-il, mais il vous sera aisé d'en avoir un capable de vous ramener au Bengale avec vos gens et vos marchandises. »

Je lui dis que je profiterais de son conseil de tout mon cœur, dès que je pourrais trouver un bâtiment à ma convenance, et un acquéreur pour le mien. Il m'assura qu'il s'en rencontrerait infailliblement à Nankin, qu'une jonque chinoise me suffirait pour m'en retourner, et qu'il me trouverait sans peine des négocians qui m'achèteraient l'un et qui me vendraient l'autre.

« Mais, lui dis-je, vous dites que notre vaisseau ne manquera pas d'être reconnu; par conséquent, si je prends les mesures que vous me conseillez, je puis jeter par là d'honnêtes gens dans un terrible danger, et peut-être devenir la cause de leur mort. Il suffira sans doute à ces capitaines de trouver le vaisseau, pour qu'ils se mettent dans l'esprit qu'ils ont trouvé aussi les criminels, et qu'ils massacrent de sang-froid des hommes qui n'ont jamais songé à les offenser. »

« Je sais le moyen de prévenir cet inconvénient, me répondit-il; je connais les commandants de tous ces vaisseaux, et je les verrai quand ils passeront par ici; je ne manquerai pas de leur faire connaître leur méprise, et de leur dire que, bien qu'il soit vrai que le premier équipage s'en est allé avec le navire, il est faux pourtant qu'il s'en soit jamais servi pour exercer la piraterie. Je leur apprendrai surtout que ceux qu'ils ont attaqués dans la baie de Siam, sont d'honnêtes marchands qui ont acheté le vaisseau de quelques scélérats, qu'ils en croyaient les légitimes propriétaires. Je suis persuadé qu'ils s'en fieront assez à moi pour agir avec plus de modération qu'ils ne se l'étaient d'abord proposé. — Eh bien, lui dis-je, si vous les rencontrez, voulez-vous vous acquitter d'une commission que je vous donnerai pour eux ? »

Je me mis aussitôt à écrire, et, après avoir détaillé toute l'histoire de l'attaque des chaloupes que j'avais été obligé de soutenir, et développé la fausseté des raisons qui les avaient poussés à me faire cette insulte, dans le dessein de me traiter avec toute l'inhumanité possible, je finis en les assurant que, si j'avais le bonheur de les reconnaître jamais en Angleterre, je les en paierais avec usure, à moins que les lois de ma patrie n'eussent perdu toute autorité pendant mon absence.

Le vieux pilote lut et relut cet écrit à différentes reprises, et me demanda si j'étais prêt à soutenir tout ce que j'y avançais. Je lui dis que je le soutiendrais tant qu'il me resterait un souffle de vie, et que je désirais ardemment de trouver une occasion de faire repentir ces messieurs de leur précipitation et de leur cruel dessein. Mais l'occasion de leur faire passer cette lettre ne se présenta point. Nous avancions toujours du côté de Nankin, et après treize jours de navigation nous mîmes à l'ancre au sud-ouest du grand golfe, où par hasard nous apprîmes que deux vaisseaux hollandais venaient de passer, et nous conclûmes qu'en continuant notre route, nous tomberions infailliblement entre leurs mains.

Après avoir délibéré sur ce terrible embarras avec mon associé, qui était aussi inquiet que moi, et non moins irrésolu sur le parti qu'il fallait prendre, je m'adressai au vieux pilote pour lui demander s'il n'y avait pas près de là quelque baie ou quelque rade où nous pussions entrer pour faire notre commerce avec les Chinois sans être en péril. Il me dit que si je voulais aller vers le sud l'espace d'environ quarante-deux lieues, j'y trouverais un petit port nommé Quinchang, où les missionnaires débarquaient d'ordinaire en venant de Macao, et où jamais n'entraient vaisseaux européens; que là je pourrais prendre des mesures pour le reste du voyage; que cet endroit n'était nullement fréquenté par les marchands, excepté à certaines époques de l'année; qu'enfin il s'y tenait une foire où les marchands japonais venaient se pourvoir de denrées de la Chine. Nous convînmes de nous diriger vers ce port.

Le lendemain du jour où nous nous fûmes fixés à cette résolution, nous levâmes l'ancre, n'étant allés que deux fois à terre pour prendre de l'eau fraîche et des provisions, telles que des racines, du thé, du riz, quelques oiseaux; les gens du pays nous en avaient apporté en abondance, d'une manière affectueuse et fort désintéressée.

Les vents étant contraires, nous voguâmes cinq jours entiers avant que de surgir à ce port; mais enfin nous y entrâmes avec toute la satisfaction imaginable. Quand je me sentis sur terre, j'étais plein de joie et de reconnaissance envers le ciel, et je résolus, aussi bien que mon associé, de ne jamais remettre le pied dans ce malheureux navire, s'il nous était possible de nous défaire de nos marchandises, même à moitié perte.

Notre vieux pilote avait conçu beaucoup d'amitié pour nous; il nous trouva un logement et un magasin qui ne faisaient ensemble que le même bâtiment. C'était une petite cabane jointe à une hutte spacieuse, le tout fait de cannes et environné d'une palissade de bambous. Cette palissade nous servait beaucoup pour mettre nos marchandises à l'abri de la subtilité des voleurs, qui sont en grande quantité dans ce pays. D'ailleurs, le magistrat du lieu nous accorda, pour plus grande sûreté, une sentinelle qui faisait la garde devant notre magasin, avec une espèce de demi-pique à la main. Nous donnions à cette sentinelle un peu de riz et une petite pièce d'argent, ce qui ne montait, tout ensemble, qu'à la valeur de trois sous par jour.

Il y avait déja du temps que la foire dont j'ai parlé était finie : cependant il se trouvait encore dans la rivière trois ou quatre jonques chinoises avec deux bâtiments japonais, chargés de denrées qu'ils avaient achetées dans quelque port de la Chine; ils n'avaient pas fait voile jusqu'alors, parce que les marchands étaient encore à terre.

Notre pilote nous fit faire la connaissance de trois missionnaires qui s'étaient arrêtés là quelques jours pour convertir les habitants du lieu. Parmi ces messieurs il y avait un prêtre français, fort aimable, de bonne humeur, et d'une conversation très-agréable. Il s'appelait le père Simon, et avait ordre de se rendre à Pékin, où réside l'empereur de la Chine, et il attendait un de ses compagnons qui devait venir de Macao faire le voyage avec lui. Je ne le rencontrais jamais qu'il ne me pressât de l'accompagner, en m'assurant qu'il me montrerait tout ce qu'il y a de beau dans ce fameux empire, et surtout la plus grande ville de l'univers; une ville que, selon lui, Londres et Paris réunis ne pourraient égaler.

Cette ville est effectivement grande et très-peuplée : mais il y a certainement beaucoup à rabattre de toutes les merveilles que l'on raconte de ce célèbre Pékin.

Un jour que nous dinions ensemble et que nous étions tous de fort bonne humeur, je lui fis voir quelque penchant à l'accompagner dans son voyage, et il nous pressa vivement, mon associé et moi, de prendre cette résolution; mais quelque vives que fussent ses sollicitations, il ne nous était pas possible de nous y rendre sur-le-champ ; il fallait d'abord disposer de notre navire et de nos marchandises, ce qui était assez difficile dans un endroit où il y avait si peu de commerce ; un jour même je fus tenté de faire voile pour la rivière de Kilam, et de monter jusqu'à la ville de Nankin; mais j'en fus détourné par un hasard fortuné qui nous tira de notre perplexité, et me rendit l'espoir de revoir un jour ma patrie.

Notre vieux pilote nous amena un marchand japonais pour voir quelles sortes de marchandises nous avions. Il nous acheta d'abord notre opium, et le paya fort bien et sur-le-champ, partie en or, que nous prenions au poids, partie en petites pièces monnayées frappées au coin de son pays, et partie en lingots d'argent de dix onces à peu près. Pendant que nous faisions ce trafic avec lui, il me vint dans l'esprit que ce même marchand pourrait bien nous acheter aussi notre vaisseau, et j'ordonnai à notre interprète de lui en faire la proposition. Il ne la reçut qu'en haussant les épaules ; mais il revint nous voir quelques jours après, amenant avec lui un des missionnaires pour lui servir d'interprète et pour nous communiquer la proposition qu'il avait à nous faire. Il nous dit qu'il nous avait payé une grande quantité de marchandises avant que d'avoir la moindre pensée de nous acheter notre vaisseau, et qu'il ne lui restait pas assez d'argent pour nous en donner le prix ; que si je voulais y laisser les matelots, il le louerait pour un voyage du Japon, que là il le rechargerait pour l'envoyer aux îles Philippines, après en avoir payé le fret, et qu'à son retour il l'achèterait. Non-seulement je prêtai l'oreille à cette proposition, mais mon humeur aventurière me mit encore dans l'esprit d'être moi-même de la partie, de m'en aller aux îles Philippines, et de là vers la mer du Sud. Je demandai au marchand s'il avait l'intention de louer le vaisseau jusqu'aux îles Philippines et de l'y décharger. Il me dit que la chose n'était pas possible, mais qu'il le ferait au Japon quand il serait de retour avec sa cargaison. J'y aurais consenti si mon associé, plus sage que moi, ne m'en avait détourné, en me représentant les dangers de la mer, l'humeur perfide et traîtresse des Japonais, et celle des Espagnols des îles Philippines, plus perfide et plus traîtresse encore.

La première chose qu'il fallait faire avant que de conclure notre marché avec le Japonais, c'était de demander au capitaine et à l'équipage s'ils avaient envie d'entreprendre cette course. Au moment où nous y songions, je reçus une visite du jeune homme que mon neveu m'avait donné pour compagnon de voyage. Il me dit que cette course promettait des avantages très-considérables, et me conseilla fort de l'entreprendre ; mais que, si je n'en avais pas le désir, il me priait de le placer dans le vaisseau comme marchand, ou en telle autre qualité que je le jugerais à propos ; que s'il me trouvait encore vivant à son retour en Angleterre, il me rendrait un compte exact de son gain, et que je ne lui donnerais que la part que je voudrais.

Je n'avais pas grande envie de me séparer de lui ; mais prévoyant l'avantage que ce parti devait produire naturellement, et le connaissant pour un homme aussi propre à y réussir que qui que ce fût, j'étais disposé à lui accorder sa demande. Je lui dis néanmoins que je voulais consulter mon associé sur sa proposition, et que je lui donnerais une réponse positive le lendemain.

Mon associé, à qui j'en parlai d'abord, s'y prêta très-généreusement: il me dit que je savais bien que nous regardions tous deux notre navire comme acheté sous de mauvais auspices, et que nous n'avions pas dessein de nous y rembarquer; que nous ferions bien de le céder au jeune homme à condition que, si nous le revoyions en Angleterre, il nous donnerait la moitié des bénéfices de ses voyages; le jeune homme s'y engagea aussitôt par écrit, et nous lui donnâmes le vaisseau.

Le marchand japonais, à ce que nous avons appris dans la suite, se comporta en galant homme. Il le protégea dans le Japon, et lui obtint la permission de descendre à terre, faveur qui a été rarement accordée aux étrangers depuis plusieurs années. Il lui paya le fret avec beaucoup de ponctualité, et l'envoya aux îles Philippines, chargé de marchandises du

Japon et de la Chine, et accompagné d'un subrécargue du pays, qui, trafiquant avec les Espagnols, revint fourni de marchandises de l'Europe, et d'une grande quantité d'épiceries. Le jeune homme fut parfaitement bien payé de tous ses voyages; et n'ayant point envie de se défaire du vaisseau, il le chargea pour son propre compte, de marchandises qu'il vendit d'une manière avantageuse aux Espagnols dans les îles Manilles. Par le moyen des connaissances qu'il y acquit, il eut le bonheur de faire déclarer libre son navire, qui fut nolisé par le gouverneur pour aller à Acapulco, sur la côte du Mexique.

Il fit ce voyage avec beaucoup de succès, vendit son vaisseau à Acapulco, et, ayant obtenu la permission d'aller par terre jusqu'à Porto-Bello, il y trouva le moyen de passer, avec tout ce qu'il avait gagné, à la Jamaïque, d'où il retourna en Angleterre, huit ans après, avec des richesses immenses.

Le vaisseau étant prêt à mettre en mer, nous songeâmes à récompenser les deux hommes qui nous avaient rendu un service si considérable, en nous avertissant à temps de la conspiration qu'on avait tramée contre nous dans la rivière de Cambogia; nous savions du reste au fond que ce n'était pas pour l'amour de nous qu'ils nous avaient donné un avis si important; car ils nous croyaient réellement pirates, et ils ne nous avaient découvert ce complot que dans l'espoir d'écumer la mer avec nous, et d'avoir part au butin. Je commençai d'abord par leur faire payer les gages qui, selon eux, leur étaient dus dans les vaisseaux qu'ils avaient quittés pour nous suivre, c'est-à-dire dix-neuf mois à l'Anglais, et sept au Hollandais. Je leur donnai encore à chacun une petite somme en or, dont ils furent très-contents, et je fis l'Anglais canonnier, à la place du nôtre, devenu second contre-maître; je donnai au Hollandais l'emploi de bosseman. Ils se crurent par-là parfaitement récompensés, et ils rendirent de très-grands services dans le vaisseau, étant courageux, et fort entendus dans la marine.

Nous restâmes à terre dans la Chine, et si je m'étais cru loin de ma patrie au Bengale, où pour mon argent il m'eût été facile de revenir chez moi, que ne devais-je pas penser alors que je me trouvais de plus de mille lieues plus éloigné de l'Angleterre, sans savoir absolument comment y revenir!

Tout ce qui pouvait en quelque sorte balancer ce chagrin, c'est qu'il devait y avoir bientôt une autre foire dans la ville où nous étions, et que nous aurions l'occasion de nous fournir de toutes sortes de denrées du pays; sans compter que peut-être nous y trouverions quelque jonque chinoise ou quelque bâtiment de Tunquin, pour nous ramener avec tout ce qui nous appartenait. Consolé par cet espoir, je pris la résolution d'attendre patiemment; et comme j'étais sûr qu'on n'en voulait point à nos personnes, qui ne pouvaient pas être suspectes hors du vaisseau, j'espérais même trouver là quelque vaisseau anglais ou hollandais qui voudrait bien nous mener dans quelque autre endroit des Indes moins éloigné de notre patrie.

En attendant, nous jugeâmes à propos de nous ménager le plaisir de faire trois ou quatre petits voyages dans le pays. Nous en fîmes un, entre autres, de dix journées de chemin, pour aller voir Nankin; c'est en effet une ville qui mérite d'être vue. On dit qu'il y a un million d'ames, ce que j'ai bien de la peine à croire. Elle est bâtie fort régulièrement; toutes les rues en sont tirées au cordeau, et se croisent les unes les autres, ce qui en augmente singulièrement la beauté.

Mais quand je compare les peuples de ce pays, leur manière de vivre, leur gouvernement, leur religion, leur magnificence, à ce qu'on voit de plus remarquable en Europe, je dois avouer que toutes ces prétendues merveilles ne valent pas la peine qu'on en parle, bien loin de mériter les pompeuses descriptions que certains auteurs nous en donnent.

Que sont leurs bâtiments, en comparaison de tant de magnifiques palais qu'on admire en Europe? Qu'est leur commerce relativement à celui de l'Angleterre, de la France, de la Hollande et de l'Espagne? Leurs villes ne sont rien au prix des nôtres pour la magnificence, la force, la richesse, l'agrément et la variété. Rien de plus ridicule que de mettre en parallèle leurs ports, où se trouvent un petit nombre de jonques et d'autres chétifs bâtiments, avec nos flottes marchandes et nos armés navales. On peut dire même avec vérité, qu'il y a plus de commerce dans notre seule ville de Londres que dans tout ce vaste empire; et qu'un seul vaisseau de guerre du premier rang, anglais, français ou hollandais, est capable de tenir tête à toutes leurs forces maritimes, et même de les détruire : il n'y a que la distance qui nous fasse voir ce pays d'une manière si avantageuse.

Ce que j'ai dit de leurs flottes peut être appliqué à leurs armées. Quand ils mettraient deux millions de soldats sur pied, une puissance si formidable en apparence ne ferait que ruiner le pays, et réduire les habitants à mourir de faim. S'il s'agissait d'assiéger une ville forte comme il s'en trouve quantité en Flandre, ou de se battre en bataille rangée, une seule ligne de cuirassiers allemands ou de dragons français renverserait toute la cavalerie chinoise. Un million de leurs fantassins ne viendrait pas à bout d'un seul corps de notre infanterie, placé de manière à ne pouvoir être enveloppé. Je crois même pouvoir dire que trente mille fantassins allemands ou anglais, et dix mille cavaliers français, anéantiraient toutes les forces de la Chine. Il en est de même de l'art d'attaquer et de défendre les villes. Il n'y a pas une place fortifiée, dans toute la Chine, qui soutînt pendant un mois les efforts d'une armée européenne; toutes les armées chinoises ensemble attaqueraient en vain une place forte comme Dunkerque, pourvu qu'elle ne fût pas réduite à se rendre par la famine. Ils ont des armes à feu, il est vrai, mais elles sont grossières, et sujettes à faire long feu. Ils ont de la poudre à canon, mais elle est sans force. Ils sont étrangers à toute discipline, ignorants dans l'exercice et dans la manière de se ranger en bataille, ne sachant ni attaquer avec ordre, ni effectuer leur retraite sans confusion. Toutes ces vérités, dont je suis très-convaincu, me font rire de pitié quand j'entends faire de si beaux récits de ces fameux Chinois, qui dans le fond ne sont que d'ignorants et vils esclaves, sujets à un gouvernement despotique, proportionné à leur génie et à leurs inclinations.

Si ce bel empire ne se trouvait pas trop éloigné de la Russie, et si les Russes eux-mêmes n'étaient des esclaves aussi méprisables que les Chinois, rien ne serait plus aisé pour un empereur de Russie que de le conquérir en une seule campagne; et si le czar Pierre, qui est un jeune prince de grande espérance, et qui commence à se rendre formidable dans le monde, avait poussé ses desseins ambitieux de ce côté, au lieu de se tourner du côté des belliqueux Suédois, il serait peut-être à cette heure empereur de la Chine, tandis qu'il a été battu à Nerva, par l'intrépide Charles XII, quoique les Russes fussent six contre un.

On a tort d'avoir meilleure opinion du savoir des Chinois, et de leurs progrès dans les sciences. Ils ont des globes, des sphères et quelques faibles notions de mathématiques; mais pour peu que vous sondiez leur habileté, vous en voyez d'abord le faible; ils ne connaissent rien au mouvement des corps célestes, et leur ignorance va jusqu'à un tel degré de ridicule, que lorsque le soleil est éclipsé ils s'imaginent qu'il est attaqué par un grand dragon qui veut le dévorer, et font un bruit terrible en frappant sur des tambours et sur des timbales, pour effrayer le monstre et lui faire lâcher sa proie.

De retour à Nankin, je me trouvais, selon mon calcul, dans le cœur de la Chine, puisque ce petit port est situé au trentième degré de latitude septentrionale. J'avais grande envie de voir la ville de Pékin, et de me rendre aux importunités du père Simon. Son compagnon venait d'arriver de Macao; on avait fixé le temps de son départ, et par conséquent il fallait prendre une résolution. Je m'en rapportai entièrement à mon associé, qui à la fin se détermina, et nous préparâmes tout pour le voyage. Nous trouvâmes une heureuse occasion de le faire d'une manière sûre et commode, en obtenant d'un mandarin la permission de voyager en sa compagnie. Les mandarins sont comme une espèce de vice-rois ou gouverneurs de provinces, qui jouissent d'une haute considération et que respectent extrêmement les peuples, auxquels, en récompense, ils se rendent fort à charge, puisqu'on est obligé de les défrayer sur la route avec toute leur suite et tout leur équipage.

Les vivres et le fourrage ne nous manquèrent pas, parce que les Chinois étaient tenus de nous les fournir gratis, ce qui était fort commode pour nous, quoique nous ne profitassions de rien. Nous étions forcés de les payer au prix courant, et l'intendant ou maître-d'hôtel du mandarin venait nous en demander le paiement avec beaucoup d'exactitude. Ainsi la permission que le seigneur nous avait donnée de voyager à sa suite, quoique très-commode pour nous, ne devait point passer pour une grande faveur. Il y gagnait beaucoup au contraire, car il y avait une trentaine de gens qui le suivaient de cette manière, et qui lui payaient tout ce que le peuple lui fournissait pour rien.

Nous fûmes vingt-cinq jours avant que d'arriver à Pékin. Le pays que nous traversâmes est à la vérité extrêmement peuplé, quoique assez mal cultivé; mais les chemins y sont parfaitement entretenus. L'économie domestique de cette nation est fort peu de chose, et leur manière de vivre misérable, comparée à la nôtre. Il est vrai que ces malheureux, dont on vante tant l'industrie, ne sentent pas leur misère et se croient assez heureux, parce qu'ils n'ont pas seulement l'idée du bonheur dont jouissent les habitants chez les nations policées de l'Europe. L'orgueil des Chinois est extraordinaire, et rien ne le surpasse que leur pauvreté: toutefois ils sont superbes au milieu de leur misère. Il n'est pas possible d'exprimer leur ostentation, qu'on remarque surtout dans leurs habits, dans leurs bâtiments, dans le nombre de leurs esclaves, et, ce qu'il y a de plus ridicule, dans le mépris qu'ils affectent pour toutes les autres nations. Quoique leurs manières me rebutassent, je ne laissais pas de m'en divertir souvent avec le père Simon.

Un jour, entre autres, en approchant du château prétendu d'une espèce de gentilhomme campagnard, nous eûmes d'abord l'honneur d'être en compagnie du maître pendant une grande demi-lieue. Son équipage était un vrai mélange de pompe et de pauvreté: c'était une toile des Indes, richement brodée de graisse; on y voyait briller tout l'ornement nécessaire pour le rendre ridicule, de grandes manches pendantes, des falbalas, etc. Cette robe magnifique couvrait une veste de taffetas noir aussi grasse que la robe. Son cheval offrait une copie exacte du fameux Rossinante. Il était vieux, maigre, et à moitié mort de faim: on en aurait un meilleur en Angleterre pour une guinée et demie; aussi n'aurait-il pas pris la peine de marcher, si deux esclaves qui suivaient ce cavalier, à pied et armés de bons fouets, n'eussent donné du courage à cette haridelle. Le mandarin avait à la main un fouet qui ne lui était pas inutile, et il travaillait la tête et les épaules du noble coursier, tandis que ses palefreniers exerçaient leurs forces sur les parties postérieures. Pour surcroît de pompe, il était accompagné de dix ou douze esclaves; on peut juger de la magnificence de leur livrée par la description que j'ai faite de l'habit du maître. Nous apprîmes qu'il venait de la ville pour aller se promener à sa terre, qui était à peu près à une demi-lieue de nous. Nous marchâmes au petit pas pour jouir plus long-temps de la brillante figure de cet homme d'importance; mais enfin il prit les devants, parce que nous trouvâmes à propos de nous arrêter dans un village pour nous y rafraîchir. Peu de temps après, arrivés à son château, nous l'y trouvâmes qui dînait dans une petite cour devant sa porte. C'était par orgueil qu'il avait choisi cet endroit exposé aux yeux des passants, et l'on nous dit que plus nous le regarderions, et plus nous flatterions sa vanité. Il était assis à l'ombre d'un arbre semblable à un palmier nain, sous lequel, pour se défendre encore mieux des rayons du soleil, il avait fait placer un grand parasol, qui ne représentait pas mal un dais, et qui contribuait beaucoup à rendre ce spectacle pompeux. Renversé dans un grand fauteuil qui avait de la peine à contenir le volume de son épaisse corpulence, il se faisait servir par deux esclaves femelles qui apportaient les plats. Deux autres du même sexe s'acquittaient d'un emploi que peu de gentilshommes européens voudraient exiger de leurs domestiques :

l'une lui mettait la soupe dans la bouche avec une cuillère, pendant que l'autre tenait l'assiette et ramassait les bribes qui tombaient de la barbe et de la veste de taffetas de sa seigneurie.

Pour notre mandarin, il y avait plus de réalité dans la magnificence dont il faisait parade. Il était respecté comme un roi, et toujours tellement entouré de ses gentilshommes et de ses officiers, que je ne pus jamais le voir qu'à une certaine distance. Il est vrai que dans tout son équipage, il n'y avait pas un seul cheval qui me parût meilleur que nos chevaux de somme; mais ils étaient si bien drapés de couvertures et de harnais, qu'il ne me fut pas possible de remarquer s'ils étaient gras ou maigres: on n'en voyait que les pieds et la tête.

Délivré de toutes les inquiétudes qui m'avaient si fort agité, je fis gaiement tout ce voyage; et ce qui augmenta ma belle humeur, c'est que je l'achevai sans essuyer la moindre catastrophe. J'oublie pourtant qu'au passage d'une petite rivière, mon cheval tomba et me jeta au beau milieu de l'eau. Elle n'était pas fort profonde, mais je ne laissai pas de me mouiller depuis les pieds jusqu'à la tête.

Quand nous arrivâmes à Pékin, je n'avais d'autre domestique que le valet de mon neveu, et qui était un fort bon sujet. Toute la suite de mon associé consistait aussi dans un seul garçon qui était notre compatriote. Nous avions encore avec nous le vieux pilote portugais, qui avait envie de voir la cour chinoise, et que nous défrayâmes pendant le voyage, pour l'employer en qualité d'interprète. Il entendait fort bien la langue du pays, parlait bon français, et même savait assez d'anglais pour se faire entendre.

Ce bon vieillard nous fut d'une grande utilité, et il nous donna mille marques de son affection. A peine avions-nous passé une semaine à Pékin, qu'il vint nous parler en riant de tout son cœur. « Ah! me dit-il, j'ai la meilleure nouvelle du monde à vous donner. » Je lui répondis que dans ce pays-là je ne m'attendais à aucune nouvelle fort bonne ni fort mauvaise. « Je vous assure, reprit-il, qu'elle est fort bonne, mais peut-être pas autant pour moi, que jusqu'à ce jour vous avez défrayé avec tant de bienveillance. » Il nous dit qu'il y avait dans la ville une grande caravane de marchands russes et polonais, qui se préparaient à retourner chez eux par la grande Tartarie; qu'ils avaient résolu de partir dans cinq ou six semaines, et qu'il ne doutait point que nous ne missions à profit une occasion si favorable.

A cette nouvelle, une joie inexprimable se répandit dans mon ame, et m'empêcha pendant quelques moments de répondre un seul mot au vieillard : enfin, revenu de cette extase, je lui demandai comment il savait ce qu'il venait de me rapporter, et s'il en était bien sûr. « Très-sûr, reprit-il; j'ai rencontré dans la rue, ce matin, une de mes vieilles connaissances : c'est un Arménien qui est venu d'Astracan, dans le dessein de s'en aller au Tunquin où je l'ai vu autrefois; mais ayant changé de sentiment, il veut aller avec cette caravane jusqu'à Moscou, et de là il a envie de descendre le Volga pour retourner à Astracan. — J'en suis charmé, lui dis-je; mais je vous prie de ne point vous affliger d'une chose que je regarde comme un grand bonheur pour moi. Si vous vous en retournez tout seul à Macao, ce sera votre propre faute. »

Je consultai mon associé, et je lui demandai si ce parti lui conviendrait. Il me dit qu'il ferait tout ce que je trouverais bon; qu'il avait si bien établi ses affaires au Bengale, et laissé ses effets en si bonnes mains, que, s'il pouvait mettre ce qu'il venait de gagner dans ce second voyage, en soies de la Chine écrues et travaillées, il se ferait un plaisir d'aller en Angleterre, d'où il pourrait retourner aisément au Bengale avec les vaisseaux de la compagnie.

Étant demeurés d'accord, nous résolûmes de prendre le vieux pilote avec nous, s'il voulait, et de le défrayer jusqu'à Moscou ou jusqu'en Angleterre. Si nous n'avions pas eu envie de lui donner quelque autre récompense, nous n'aurions point mérité par-là de passer pour généreux. Il nous avait rendu des services considérables, non-seulement sur mer, mais encore à terre, où il s'était intéressé à nos affaires avec beaucoup d'affection : lui faire du bien, ce n'était que lui rendre justice. Nous lui donnâmes en or monnoyé la valeur de soixante-quinze livres sterling, et nous lui proposâmes de le défrayer lui et son cheval, s'il voulait nous accompagner. Nous le fîmes venir pour lui communiquer notre résolution; je lui dis qu'il s'était plaint de la nécessité de s'en retourner tout seul, mais que j'étais d'avis qu'il ne retournât point du tout, que nous avions résolu d'aller en Europe avec la caravane, et de le prendre avec nous, s'il avait envie de nous suivre. Le bonhomme secoua la tête à cette proposition; il nous dit que ce voyage était bien long, qu'il n'avait point d'argent pour en soutenir les frais, ni pour subsister dans l'endroit où nous le mènerions. Je lui répondis que je le croyais bien, et que c'était pour cela même que nous avions résolu de faire quelque chose pour lui, afin de lui montrer que nous étions sensibles aux services qu'il nous avait rendus, et que sa compagnie nous était agréable. Là-dessus je l'informai du présent que nous avions dessein de lui offrir et je lui dis que, par rapport aux frais du voyage, nous l'en déchargerions entièrement, et que nous le conduirions à nos dépens, ou en Russie, ou en Angleterre, selon qu'il le trouverait bon ; à condition seulement que, s'il mettait l'argent que nous lui donnerions en marchandises, il les transporterait à ses propres frais.

Il reçut ma proposition avec des transports de joie, et répondit qu'il nous suivrait au bout du monde, si nous voulions ; et là-dessus nous préparâmes tout pour le voyage, ce qui nous coûta plus de temps que nous ne l'avions d'abord cru. Heureusement la même chose arriva aux autres marchands de la caravane, qui, au lieu d'être prêts en cinq ou six semaines, eurent besoin de plus de quatre mois avant que de se trouver en état de partir.

Ce fut au commencement de février que nous sortîmes de Pékin. Mon associé et le vieux pilote étaient allés faire un tour ensemble, vers le petit port où nous étions entrés, pour disposer de quelques marchandises que nous y avions laissées ; et, dans cet intervalle, j'allai avec un marchand chinois, que j'avais connu à Nankin, acheter dans cette ville quatre-vingt-dix pièces de beau damas, avec environ deux cents autres pièces d'étoffes de soie, parmi lesquelles il y en avait qui étaient rayées d'or; une assez grande quantité de soies écrues, et d'autres denrées du pays. Tout était déja rendu à Pékin avant le retour de mon associé, et cet achat nous coûtait trois mille cinq cents livres sterling. Pour charger toutes ces marchandises, jointes à une assez grande quantité de thé et de belles toiles peintes, il nous fallait dix-huit chameaux, outre ceux qui devaient nous porter ; nous avions deux chevaux de main, et trois pour le transport de nos provisions; de sorte que notre équipage consistait en vingt-six, tant chameaux que chevaux.

La caravane était considérable, et composée d'à peu près trois cents bêtes de charge, et d'environ cent vingt hommes parfaitement bien armés et préparés à tout événement : car, de même que les caravanes turques sont sujettes aux attaques des Arabes, celles-ci le sont aux insultes des Tartares.

Nous étions de plusieurs nations différentes: mais les Russes faisaient le plus grand nombre. Il y avait au moins soixante habitants de la ville de Moscou, parmi lesquels il se trouvait quelques Livoniens; et, ce qui nous faisait grand plaisir, cinq Écossais, hommes riches et très-versés dans ce qui regarde le commerce et les voyages.

Après que nous eûmes fait la première journée, nos guides, au nombre de cinq, appelèrent tous les marchands et tous les passagers, excepté les valets, pour tenir un grand conseil, selon la coutume de toutes les caravanes de ce pays. Dans cette assemblée, chacun donna une petite somme pour en faire une bourse commune, afin de payer le fourrage et d'autres choses dont on pouvait journellement avoir besoin. On y régla tout le voyage ; on nomma des capitaines et d'autres officiers pour nous commander en cas d'attaque: et tous ces réglements ne se firent point par autorité, mais par un consentement unanime des voyageurs, tous également intéressés au bien commun de la caravane.

La route de ce côté-là est un pays extrêmement peuplé; il y a surtout un grand nombre de potiers habiles, qui préparent la belle terre dont on fait ces vases de porcelaine si estimés dans tout le monde. Au milieu de la marche, notre vieux Portugais, qui avait toujours quelque chose de divertissant à nous dire, vint me joindre, en me promettant de me faire voir la plus grande curiosité de toute la Chine, et qui me convaïncrait, malgré le mal que je disais tous les jours de ce pays, qu'on y voyait ce qu'il était impossible de voir dans tout le reste de l'univers. Après s'être long-temps laissé presser pour s'expliquer plus clairement, il me dit que c'était une maison de campagne de terre de Chine. « A d'autres, lui dis-je, la chose est aisée à comprendre : toutes les briques qu'on fabrique dans ce pays-ci sont de terre de Chine; et ce n'est pas un grand miracle.—Vous n'y êtes pas, répondit-il : de terre de Chine, de véritable porcelaine. —Cela se peut, répliquai-je, de quelle grandeur est-elle, cette maison-là? Si nous pouvons l'emporter avec nous dans une boîte sur un chameau, nous l'achèterons volontiers, en cas que l'on veuille s'en défaire.—Sur un chameau? repartit le vieux pilote en levant les mains au ciel, c'est une maison où demeure une famille de trente personnes.»

Voyant qu'il parlait sérieusement, je fus fort curieux d'aller voir cette merveille, et voici ce que c'était. Tout le bâtiment était fait de charpente et de plâtre; mais le plâtre était réellement de cette même terre dont on fait la porcelaine. Le dehors, exposé à la chaleur du soleil, était vernissé d'une blancheur éclatante, peint de figures bleues, comme les grands vases qui viennent de cette contrée, et aussi dur que si le tout eût été cuit au four. En dedans, toutes les murailles étaient composées de carreaux durcis au four et peints, à peu près de la même grandeur que ceux qu'on trouve en Angleterre et en Hollande, et ils étaient tous de la plus belle porcelaine qu'on puisse voir; la peinture en était charmante, variée par différentes couleurs mêlées d'or; plusieurs de ces carreaux ne faisaient qu'une même figure; mais ils se trouvaient joints ensemble par du mortier de la même terre, avec tant d'art, qu'il eût été difficile de ne pas les prendre pour une seule et même pièce. Les pavés étaient de la même matière, et d'un grain aussi serré que les pavés de pierre qu'on trouve en plusieurs provinces d'Angleterre, surtout dans les comtés de Lincoln, de Nottingham et de Leicester; cependant ils n'étaient ni peints ni durcis au four, excepté dans quelques cabinets, où ils étaient de ces mêmes petits carreaux qui couvraient les murailles. Les caves, en un mot toute la maison était faite de la même terre, et le toit était couvert de carreaux de porcelaine d'un noir fort lustré et brillant.

C'était, à la lettre, une maison de porcelaine et si je n'eusse été en marche, j'étais homme à m'arrêter là plusieurs jours pour en examiner toutes les particularités. On me dit que dans le jardin il y avait des viviers dont le fond et les côtés étaient couverts de carreaux de même sorte, et que dans les allées il y avait de belles statues de porcelaine.

On ferait une grande injustice aux Chinois, si on n'avouait qu'ils excellent dans ces sortes d'ouvrages ; mais il est sûr en même temps qu'ils excellent dans les contes qu'ils débitent sur leur industrie à cet égard. Ils m'en ont dit des choses si peu vraisemblables, que je ne veux pas me donner la peine de les rapporter. J'en donnerai pourtant ici un exemple. Ils m'ont assuré qu'un de leurs artisans avait construit un vaisseau de porcelaine avec tous ses agrès, mâts, voiles, cordages, et que ce navire fragile était assez grand pour contenir cinquante personnes. Ils auraient pu ajouter, pour plus de vraisemblance, qu'on avait fait le voyage du Japon avec ce vaisseau.

Cette maison extraordinaire me retint deux heures après que la caravane fut passée, ce qui porta celui qui commandait ce jour-là à me condamner à une amende de trois schellings; et il me dit que, si la même chose m'était arrivée à trois journées au-delà de la muraille, au lieu que nous étions à trois journées en-deçà, il m'en aurait coûté quatre fois autant, et que j'aurais été obligé d'en demander pardon le premier jour de conseil général. Je promis d'être désormais plus exact, et j'eus lieu dans la suite d'observer que l'ordre de ne pas s'éloigner les uns des autres est d'une nécessité absolue pour les caravanes.

Deux jours après, nous vîmes la fameuse muraille qu'on a faite pour servir de boulevard aux Chinois contre les irruptions des Tartares. C'est assurément un ouvrage d'un travail immense : cette muraille va, et cela sans aucune nécessité, par-dessus des montagnes et des rochers tout-à-fait impraticables, et beaucoup plus difficiles à forcer que la muraille elle-même dans les autres endroits.

Elle a un millier de milles d'Angleterre d'étendue, à ce qu'on prétend ; mais le pays qu'elle couvre n'en a que cinq cents, à le compter sans les détours qu'on a été obligé de faire en bâtissant la muraille ; elle a vingt-quatre pieds de hauteur et autant d'épaisseur en quelques endroits.

Tandis que la caravane passait par une des portes de cette espèce de fortification, je pus examiner ce monument si fameux pendant une bonne heure, sans manquer à nos réglements: j'eus le loisir de le contempler de tous côtés, autant que pouvait porter ma vue. Notre guide chinois, qui nous en avait parlé comme d'un des prodiges de l'univers, marqua beaucoup de curiosité pour savoir mon opinion. Je lui dis que c'était la meilleure chose du monde contre les Tartares. Il n'y entendit point de malice, et prit cette expression pour un compliment fort gracieux; mais notre vieux pilote n'était pas si simple. « Il y a du caméléon dans vos discours, me dit-il. — Du caméléon! lui répondis-je; qu'entendez-vous par-là? — Je veux dire, reprit-il, que le discours que vous venez de tenir au guide paraît blanc quand on le considère d'ici, et noir quand on le considère de là: c'est un compliment d'une manière, et une satire d'une autre. Vous dites que cette muraille est bonne contre les Tartares: c'est me dire qu'elle n'est bonne que contre les Tartares seuls. Ce Chinois vous entend à sa manière, et il est content; et moi je vous entends à la mienne, et je le suis aussi. — Mais ai-je grand tort dans votre sens ? lui dis-je. Croyez-vous que cette belle muraille soutiendrait les attaques d'une bonne artillerie et d'habiles ingénieurs ? Ne ferait-elle pas en dix jours une brèche assez grande pour y introduire un bataillon, ou bien ne la ferait-elle pas sauter en l'air avec ses fondements, de manière que l'on douterait qu'il y eût jamais eu de pareille muraille en cet endroit ? »

Nos Chinois étaient fort curieux de savoir ce que j'avais dit au pilote, et je lui permis de les en instruire quatre ou cinq jours après, étant alors à peu près hors de leurs frontières et sur le point de nous séparer de nos guides. Dès qu'ils furent informés de mon opinion, ils restèrent muets pendant tout le reste du chemin qu'ils avaient encore à faire avec nous, et nous fûmes quittes de toutes leurs histoires touchant la grandeur et la puissance chinoise.

Après avoir passé cette muraille de la Chine, à peu près semblable à celle que les Romains firent autrefois dans le Northumberland contre les invasions des Pictes, nous commençâmes à trouver le pays assez mal peuplé; on peut dire même que les habitants y sont en quelque sorte emprisonnés dans les places fortes, parce qu'ils osent à peine en sortir, de peur de devenir la proie des Tartares qui volent sur les grands chemins à main armée, et auxquels ils ne pourraient résister en rase campagne.

Je commençai alors à remarquer parfaitement bien la nécessité qu'il y avait de ne pas s'éloigner des caravanes, en voyant des troupes entières de Tartares rôder autour de nous. Ils approchaient assez pour que je pusse les examiner à mon aise, et j'avoue que je suis surpris qu'un empire comme celui de la Chine ait pu être conquis par de tels misérables que l'étaient ceux qui s'offraient à ma vue par bandes confuses, sans ordre, sans discipline, et presque sans armes. Leurs chevaux sont maigres et mal dressés; en un mot, ils ne sont bons à rien.

J'eus l'occasion de m'en convaincre dès le lendemain du jour où j'eus passé la muraille. Celui qui nous commandait alors nous permit d'aller au nombre de seize à la chasse de certains moutons sauvages qui sont assurément les plus vifs et les plus alertes de toute leur espèce. Ils courent avec une vitesse étonnante, mais ils se fatiguent aisément; et quand on en voit, on est sûr de ne pas les poursuivre en vain : ils se montrent d'ordinaire une quarantaine à la fois, et, comme de véritables moutons, ils se suivent toujours les uns les autres.

Au milieu de cette chasse burlesque, nous rencontrâmes plus de quarante Tartares. Leur but était-il de poursuivre, comme nous, les moutons, ou cherchaient-ils quelque autre proie? c'est ce que j'ignore; mais dès qu'ils nous découvrirent, un d'entre eux se mit à donner d'une espèce de cor dont le son était affreux. Nous supposâmes tous que c'était pour appeler leurs amis, et cette supposition ne se trouva pas fausse, car, en moins d'un demi-quart d'heure, nous vîmes une autre troupe tout aussi forte paraître à un demi-mille de nous.

Heureusement il y avait dans notre caravane un marchand écossais habitant de Moscou, qui, dès qu'il entendit le cor, nous dit qu'il n'y avait autre chose à faire que de charger brusquement ces barbares sans aucun délai; et, nous rangeant tous sur une même ligne, il se mit à notre tête, et nous allâmes droit à eux.

Les Tartares nous regardaient d'un œil hagard, et dès qu'ils nous virent avancer, ils nous tirèrent une volée de flèches dont heureusement aucune ne nous toucha, parce qu'ils avaient tiré d'une trop grande distance. Nous fîmes d'abord halte, et, quoique nous en fussions assez éloignés, nous tirâmes sur eux. Nous suivîmes notre décharge au grand galop pour tomber sur l'ennemi le sabre à la main, selon les ordres de notre courageux Écossais. Ce n'était qu'un marchand, mais il se conduisit dans cette occasion avec tant de bravoure et avec une valeur si tranquille, qu'il paraissait être fait pour les exploits militaires. Dès que nous fûmes à portée, après avoir fait feu avec nos pistolets, nous tirâmes nos épées; mais nous aurions pu nous épargner cette peine, car ces misérables s'enfuirent aussitôt dans le plus grand désordre.

Ainsi finit notre combat, où nous n'éprouvâmes d'autre perte que celle des moutons que nous avions pris à la course : nous n'eûmes ni morts ni blessés, mais du côté des Tartares il y en eut cinq de tués; pour le nombre de leurs blessés, je ne le sais pas. La seconde troupe qui était venue au bruit du cor, effrayée de nos armes à feu, ne tenta rien contre nous.

Il faut remarquer que cette action se passa sur le territoire chinois, ce qui empêcha sans doute les Tartares de pousser leur pointe avec la même opiniâtreté qu'ils le firent ensuite. Cinq jours après, nous entrâmes dans un grand désert que nous traversâmes en trois marches. Nous fûmes obligés de porter notre eau avec nous dans des outres, et de camper pendant les nuits, comme on le fait dans certains déserts de l'Arabie.

Je demandai à qui appartenait ce pays : on m'apprit que c'était une partie de la grande

Tartarie, que l'on rangeait en quelque sorte sous la domination de la Chine; mais que les Chinois ne prenaient pas le moindre soin pour la garantir contre les brigandages, et que c'était le plus dangereux désert du monde, quoiqu'il y en eût de bien plus étendus. En le traversant, nous vîmes à plusieurs reprises de petites troupes de Tartares; mais ils ne semblaient pas disposés à nous inquiéter.

Un jour néanmoins, une de ces bandes, assez forte, s'étant approchée de très-près, nous examina avec beaucoup d'attention, délibérant apparemment si elle nous attaquerait ou non. Nous fîmes une arrière-garde d'environ quarante hommes prêts à les charger, et nous nous arrêtâmes jusqu'à ce que la caravane eût gagné les devants d'une demi-lieue. Nous voyant si résolus, ils se retirèrent, se contentant de nous saluer de cinq flèches, dont une blessa un de nos chevaux si grièvement, que nous fûmes obligés de l'abandonner.

Nous marchâmes ensuite pendant un mois par des routes qui n'étaient pas si dangereuses, et par un pays qui est encore du territoire de la Chine. On n'y voit pour ainsi dire que des villages, excepté quelques petits bourgs fortifiés contre les invasions des Tartares. En arrivant à un de ces bourgs, situé à peu près à deux journées de la ville de Naum, j'avais besoin d'un chameau. Il y en a beaucoup en cet endroit, aussi bien que des chevaux, et on les y amène, parce que les caravanes, qui passent par là fréquemment, en achètent. La personne à qui je m'adressai pour trouver un bon chameau s'offrit à me l'aller chercher, et je fus assez téméraire pour vouloir l'accompagner. Il fallut faire deux lieues pour arriver à l'endroit où ces animaux sont à l'abri des Tartares, parce qu'on y a mis une bonne garnison. Je fis ce chemin à pied, avec mon pilote portugais, étant bien aise de prendre le plaisir de cette petite promenade, et de me délasser de la fatigue d'aller tous les jours à cheval. Nous trouvâmes la petite ville en question située dans un terrain bas et marécageux, environnée d'un rempart de pierres entassées les unes sur les autres, sans qu'elles fussent jointes par du mortier, comme les murailles de nos parcs en

Angleterre : elle était défendue par une garnison chinoise qui montait la garde à la porte.

Après y avoir acheté un chameau qui me convenait, nous revînmes avec le Chinois qui le conduisait : c'était celui qui l'avait vendu. Bientôt nous vîmes venir à nous cinq Tartares à cheval, dont deux attaquèrent notre Chinois, et s'emparèrent du chameau, à l'instant même où les trois autres nous tombèrent sur le corps, nous voyant pour ainsi dire sans armes, puisque nous n'avions que nos épées, qui ne pouvaient nous servir beaucoup contre des cavaliers.

Un de ces gens, en vrai poltron, arrêta tout-à-coup son cheval, dès qu'il me vit tirer mon épée; mais, en même temps, un second m'attaquant du côté gauche, me porta sur la tête un coup qui me fit tomber sans connaissance. Dès que mon brave Portugais me vit tomber, il tira de sa poche un pistolet, et s'avançant hardiment sur ces barbares, il saisit le bras de celui qui m'avait porté le coup, le tire de son côté, et lui fait sauter la cervelle. Aussitôt prenant son cimeterre, il joignit l'autre qui s'était arrêté d'abord devant moi, et lui porta un coup de toutes ses forces : il manqua l'homme, mais il blessa le cheval à la tête; l'animal, devenu furieux par la douleur, emporte à travers les champs son maître, qui ne pouvait plus le gouverner, mais qui était trop bon cavalier pour ne se pas tenir. A la fin pourtant le cheval s'étant cabré, le fit tomber, et se renversa sur lui.

Sur ces entrefaites, le Chinois à qui on venait d'arracher le chameau, et qui n'avait point d'armes, courut vers cet endroit, et voyant qu'un instrument assez semblable à une hache d'armes pendait à la ceinture du Tartare renversé, il s'en saisit, et lui cassa la tête. Mon brave vieillard cependant avait encore sur les bras le troisième Tartare, qui ne fuyait pas comme il l'avait espéré, qui ne l'attaquait pas comme il l'avait craint, mais se tenait dans une stupide immobilité à une certaine distance; il se servit de cet intervalle pour recharger son pistolet. Dès que le brigand aperçut cette arme, il s'enfuit au grand galop, et laissa à mon compagnon une victoire complète.

Je commençai alors à revenir un peu à moi; et me relevant avec précipitation, je me saisis de mon épée, mais je ne trouvai plus d'ennemis. Je ne vis qu'un Tartare mort près de moi, et son cheval qui restait tranquillement auprès du cadavre de son maître; plus loin j'aperçus mon libérateur, qui, après avoir examiné comment le Chinois avait traité le Tartare renversé sous son cheval, revenait vers moi, ayant encore le sabre à la main.

Le bon vieillard me voyant sur pied, courut à moi, et m'embrassa avec des transports de joie; il m'avait cru mort, mais voyant que j'étais seulement blessé, il voulut visiter la plaie, pour savoir si elle n'était pas dangereuse. Elle n'était pas profonde heureusement, et je n'en ai jamais senti la moindre suite, après que le coup fut guéri, ce qui se fit en deux ou trois jours de temps.

Nous ne retirâmes pas un gros butin de cette victoire: mais si nous y perdîmes un chameau, nous y gagnâmes un cheval. Ce qu'il y eut de remarquable, c'est que, quand nous fûmes revenus à la caravane, le Chinois qui m'avait vendu le chameau prétendit en recevoir le paiement. Je n'en voulus rien faire, et il m'appela devant le juge du village où la caravane s'était arrêtée. C'était comme une sorte de juge de paix, et je dois avouer qu'il se comporta envers nous avec beaucoup de prudence et d'impartialité. Après nous avoir écoutés l'un et l'autre, il demanda gravement au Chinois qui avait amené le chameau, et de qui il était le valet.

« Je ne suis le valet de personne, dit-il, et je n'ai fait qu'accompagner l'étranger qui a été acheter le chameau. — Qui vous en a prié? répliqua le juge. — C'est cet étranger lui-même, repartit le Chinois. — Eh bien! dit-il, vous étiez en ce moment le valet de l'étranger, et puisque le chameau a été livré au valet, il doit être censé avoir été livré au maître, et il est juste qu'il le paie. »

Il n'y avait pas un mot de réponse à cette décision : charmé de voir cet homme établir l'état de la question avec tant de justesse, je payai le chameau et j'en fis chercher un autre. On peut bien croire que je m'épargnai la peine d'aller moi-même; mon argent perdu et ma tête meurtrie étaient deux leçons suffisantes pour me faire prendre plus de précaution.

La ville de Naum couvre les frontières de la Chine; c'est, dit-on, une forteresse, et c'en est une effectivement, selon la manière de fortifier les places dans ces contrées. Nous n'en étions encore qu'à deux journées, quand nous fûmes joints par des courriers qui étaient envoyés de tous côtés sur les routes, pour avertir tous les voyageurs et toutes les caravanes de s'arrêter, jusqu'à ce qu'on leur eût envoyé des escortes, parce qu'un corps de Tartares de dix mille hommes s'était fait voir à trente milles de l'autre côté de la ville.

C'était une fort mauvaise nouvelle pour nous; il faut avouer pourtant que le gouverneur qui nous la fit donner agissait noblement, et que nous lui avions de très-grandes obligations, d'autant plus qu'il tint parfaitement bien sa promesse. Deux jours après nous reçûmes de lui trois cents soldats de la ville de Naum, et deux cents d'une autre garnison chinoise, ce qui nous fit continuer hardiment notre voyage. Les trois cents soldats de Naum garnissaient notre front, et les deux cents autres l'arrière-garde: nous nous mîmes sur les ailes, et tout le bagage de la caravane marchait au centre. Dans cet ordre, prêts à combattre quand il le faudrait, nous crûmes être en état de nous mesurer avec les dix mille Tartares; mais quand nous les vîmes paraître le lendemain, les affaires changèrent de face.

Au sortir d'une petite ville nommée Changu, nous fûmes obligés de très-grand matin de passer une petite rivière; et si les Tartares avaient eu le sens commun, ils nous eussent défaits sans peine, en nous attaquant lorsque la caravane était passée, et que l'arrière-garde se trouvait encore de l'autre côté; mais nous ne les vîmes pas seulement paraître.

Environ trois heures après, entrés dans un désert de quinze ou seize milles d'étendue, nous jugeâmes par un grand nuage de poussière que les ennemis n'étaient pas loin, et bientôt nous les vîmes venir à nous au grand galop. Alors les Chinois qui formaient notre avant-garde, et qui, le jour auparavant, s'étaient vantés beaucoup, firent mauvaise contenance, en regardant à tout moment derrière eux. Mon vieux pilote en avait aussi mauvaise opinion que moi. « Il faut encourager ces lâches, me dit-il, ou nous sommes perdus; ils s'enfuiront dès que nous aurons les Tartares sur les bras. »

« Je le crois comme vous, lui répondis-je ; mais que faire pour empêcher ce malheur ? —Mon avis serait, répliqua-t-il, qu'on plaçât cinquante de nos gens sur chaque aile de ce corps chinois; ce renfort leur donnera du courage, et ils seront braves dans la compagnie des braves. » Sans me donner le temps de lui répondre, j'allai joindre au grand galop notre commandant du jour, pour lui communiquer ce conseil. Il le goûta, dans le moment il l'exécuta, et il fit un corps de réserve du reste de nos camarades. Nous continuâmes notre marche dans cet ordre, laissant les deux cents autres Chinois faire un corps à part, pour garder nos chameaux, et nous leur ordonnâmes de détacher la moitié de leurs soldats pour nous donner du secours, s'il était nécessaire.

Un moment après, les Tartares furent assez

près de nous pour combattre. Ils étaient en très-grand nombre, et je n'exagère point en disant qu'il y en avait au moins dix mille. Ils commencèrent par détacher un parti pour nous reconnaître et pour examiner notre contenance. Les voyant passer par devant notre front, à la portée du fusil, notre commandant ordonne à nos deux ailes d'avancer avec toute la vitesse possible, et de tirer sur eux. On le fit, et ces Tartares se retirèrent, pour rendre compte apparemment de la réception que nous venions de leur faire, et à laquelle le reste devait s'attendre.

Nous vîmes bien que la manière dont nous les avions salués n'était pas de leur goût. Ils s'arrêtèrent dans le moment, et, après nous avoir considérés avec attention pendant quelques minutes, ils firent demi-tour à gauche, et ils nous quittèrent sans la moindre tentative. Nous en fûmes charmés, car s'ils nous avaient chargés avec vigueur, il nous eût été impossible de résister long-temps à toutes ces forces.

Arrivés deux jours après à la ville de Naum,

nous remerciâmes le gouverneur du soin qu'il avait eu la bonté de prendre de nous, et nous rassemblâmes, entre nous tous, une somme de deux cents écus, pour en faire présent à notre escorte chinoise. Nous nous reposâmes là un jour entier.

Il y a une garnison dans cette ville ; elle est de neuf cents soldats, et on l'y a placée parce qu'autrefois les frontières de l'empire russe en étaient beaucoup plus voisines ; mais depuis le czar a trouvé bon d'abandonner plus de deux cents lieues de pays, comme absolument inutile et indigne d'être conservé, surtout à cause de la grande distance de Naum, et de la difficulté d'y envoyer des troupes. Cette distance est en effet très-grande, puisque nous avions encore au moins six cent soixante-dix lieues à faire avant que d'arriver aux frontières actuelles de la Russie.

Après avoir quitté Naum, nous eûmes à passer plusieurs grandes rivières, et deux grands déserts, dont l'un nous prit seize jours de marche. C'est un pays abandonné, qui n'appartient à personne. Le 23 mars nous arrivâmes sur les terres de la Russie. La première ville que nous rencontrâmes s'appelle Argum : elle est située à l'ouest d'une rivière du même nom.

Je me vis arrivé avec toute la satisfaction possible dans un pays sous la domination d'un prince chrétien.

Nous étions alors sur le plus grand continent qu'il y ait dans le monde entier : du côté de l'est, nous nous trouvions éloignés de la mer de plus de douze cents milles ; du côté de l'ouest, il y en avait plus de deux mille jusqu'à la mer Baltique, et plus de trois mille jusqu'à la Manche ; vers le sud, la mer de Perse et des Indes était éloignée de nous de plus de cinq cents milles ; et vers le nord, il y avait bien huit cents milles jusqu'à la mer Glaciale.

Quand nous fûmes entrés dans l'empire russe, nous remarquâmes que toutes les rivières qui courent vers l'est se jettent dans le grand fleuve Amour, qui, selon le cours naturel, doit porter ses eaux dans la mer orientale ou Océan chinois. On dit que l'embouchure de ce fleuve est fermée par une espèce de joncs d'une grandeur prodigieuse, qui ont trois pieds de circonférence et plus de vingt de hauteur. Je crois que c'est une fable inventée à plaisir. La navigation de ces parages est absolument inutile, puisqu'il n'y a pas le moindre commerce : tout le pays par où passe ce fleuve est habité par des Tartares qui ne s'occupent qu'à élever du bétail ; il n'y a donc pas d'apparence que la simple curiosité ait jamais porté quelqu'un à descendre ce fleuve, ou à remonter son embouchure, afin de pouvoir nous en apprendre des nouvelles. Il reste évident que, courant vers l'est et entraînant avec lui tant d'autres rivières, il doit se jeter de ce côté dans l'Océan.

A quelques lieues vers le nord de ce fleuve, il y a plusieurs rivières considérables, dont le cours est aussi directement septentrional que celui du fleuve d'Amour est oriental. Elles vont toutes porter leurs eaux dans le grand fleuve nommé Tatar, qui a donné son nom aux Tartares les plus septentrionaux, qu'on appelle *Tartares Monguls*, lesquels, au sentiment des Chinois, sont les plus anciens de tous les différents peuples qui portent le même nom, et qui se trouvent être, selon certains géographes, les Gogs et Magogs dont il est parlé dans l'Écriture sainte.

De la rivière Arguna, nous avançâmes à petites journées vers le centre de la Russie, très-obligés au czar du soin qu'il a pris de faire bâtir dans ce pays autant de villes qu'il a été possible d'en placer, et d'y mettre des garnisons qu'on peut comparer à ces soldats stationnaires que les Romains postaient autrefois dans les endroits les plus reculés de leur empire, pour la sûreté du commerce et la commodité des voyageurs. Dans toutes ces villes, que nous rencontrâmes en grand nombre sur notre route, nous trouvâmes les gouverneurs et les soldats tous Russes et chrétiens. Les habitants du pays, au contraire, étaient des païens qui sacrifiaient aux idoles, et qui adoraient le soleil, la lune et les étoiles. Je puis dire même que c'étaient les plus barbares de tous les païens que j'eusse rencontrés dans mes voyages; seulement ils ne se nourrissaient point de chair humaine comme les sauvages de l'Amérique.

Nous vîmes quelques exemples de leur barbarie entre Arguna et une ville habitée par des Tartares et des Russes mêlés ensemble. Arrivé à un village voisin de cette ville, j'eus la curiosité d'y entrer. Les habitants devaient faire ce jour-là un grand sacrifice. Sur le tronc d'un vieil arbre était une idole de bois, de la figure la plus horrible. La tête de cette monstrueuse divinité ne ressemblait à celle d'aucun animal que j'aie jamais vu, ou dont j'aie la moindre idée. Elle avait des oreilles aussi grandes que des cornes de bouc, des yeux de la grandeur d'un écu, un nez semblable à une corne de bélier, et une gueule comme celle d'un lion, avec des dents crochues, les plus affreuses qu'on puisse s'imaginer; elle était habillée d'une manière assortie à son épouvantable figure. Son corps était couvert de peaux de mouton ayant la laine en dehors, et elle avait sur la tête un bonnet à la tartare, armé de deux grandes cornes; sa hauteur était d'environ huit pieds; enfin elle ne présentait qu'un buste sans bras et sans jambes.

Cette statue hideuse était érigée hors du village, et, quand j'en approchai, je vis devant elle seize ou dix-sept personnes. Je ne pourrais dire si c'étaient des hommes ou des femmes; car ils ne distinguent point du tout les sexes par l'habillement. Ils étaient tous étendus le visage contre terre, pour rendre leurs hommages à cette affreuse divinité, et tellement immobiles, que je les crus d'abord de la même matière que l'idole. Pour m'en éclaircir, je voulus en approcher davantage; mais je les vis tout-à-coup se lever avec précipitation, en poussant des hurlements épouvantables, semblables à ceux d'un dogue, et ils s'en allèrent tous, comme s'ils eussent été au désespoir de se voir troublés dans leur acte de dévotion.

A une petite distance de l'idole, je vis une espèce de hutte toute faite de peaux de vaches et de moutons desséchées, à la porte de laquelle j'aperçus trois hommes que je ne pouvais prendre que pour des bouchers. Ils avaient de grands couteaux à la main, et je vis au milieu de cette tente trois moutons et un jeune taureau égorgés. Il y a toute apparence que c'étaient des victimes immolées à ce monstre, que ces trois barbares étaient les prêtres et les sacrificateurs, et que les dix-sept que j'avais interrompus dans leur enthousiasme dévot avaient sans doute apporté les victimes pour se rendre leur dieu favorable.

Mon étonnement se tourna bientôt en une sorte d'indignation. Je poussai mon cheval de ce côté, et, d'un coup de sabre, je coupai en deux le bonnet du monstre, en même temps qu'un de nos gens saisit la peau de mouton, et l'arracha du corps de cette effroyable idole. Notre zèle fit, dans le moment même, pousser des cris affreux par tout le village, et bientôt je me vis environné de deux ou trois cents de ses habitants, du milieu desquels je me tirai au grand galop, les voyant armés d'arcs et de flèches; j'étais pourtant bien résolu de rendre une seconde visite au ridicule objet de leur stupide adoration.

Notre caravane resta trois jours dans la ville, qui n'était éloignée du village en question que de quatre milles. Elle avait dessein de s'y pourvoir de quelques chevaux, à la place de ceux qui étaient morts, ou qui avaient été estropiés par les mauvais chemins et par les longues marches que nous avions faites dans le dernier désert.

Ce retard me donna le loisir d'exécuter mon projet, que je communiquai au marchand écossais de Moscou, qui m'avait donné des preuves si convaincantes de son intrépidité. Après l'avoir instruit de ce que j'avais vu, et du dégoût que m'avait inspiré cette hideuse dégradation de la nature humaine, je lui dis que si je pouvais trouver quatre ou cinq hommes résolus et bien armés, j'avais dessein d'aller détruire cette idole, pour faire voir clairement à ses adorateurs qu'incapable de se secourir elle-même, il lui était impossible de donner la moindre assistance à ceux qui lui adressaient leurs prières, et qui voulaient obtenir sa protection par leurs sacrifices. Il se moqua de moi, en disant que mon zèle pouvait venir d'un bon principe, mais que je n'en devais pas attendre de fruit, et qu'il ne pouvait concevoir quel but je me proposais. « Mon but, lui répondis-je, est de venger l'honneur de Dieu, qui est insulté, pour ainsi dire, par cette idolâtrie.—Laissez, me dit-il, à Dieu lui-même le soin de punir les outrages de l'ignorance, s'il ne le juge pas indigne de sa toute-puissance. Comment d'ailleurs vengerez-vous l'honneur de la divinité, si ces malheureux sont incapables de comprendre votre intention, et si vous n'êtes pas en état de la leur expliquer, faute d'entendre leur langage? Quand même vous seriez capable de leur en donner quelque idée, vous n'y gagneriez que des coups, car ce sont des gens déterminés, surtout quand il s'agit de défendre les objets de leur superstition. — Nous pourrions le faire de nuit, lui dis-je, et leur laisser par écrit les raisons de notre procédé.—Sachez, mon cher ami, dit-il, que, parmi cinq peuples entiers de ces Tartares, il n'y a personne qui sache ce que c'est qu'une lettre, ni qui puisse lire un mot dans sa propre langue.—J'ai pitié de leur ignorance, repris-je; mais j'ai pourtant une grande envie de mettre mon projet à exécution, et d'autant plus qu'il ne leur causera aucun mal réel, autrement j'y renoncerais volontiers: peut-être la nature elle-même, quelque dégénérée qu'elle soit en eux, leur en fera tirer des conséquences, et leur montrera jusqu'où va leur extravagance d'adresser leur culte à un objet si méprisable.—Quoique votre zèle, plus ardent que réfléchi, vous porte à cette entreprise avec tant d'ardeur, je vous prie, me dit-il, de songer que ces nations ont été assujetties, par la force des armes, à l'empire de Russie. Si vous réussissez dans votre projet, ils ne manqueront point de venir par milliers s'en plaindre au gouverneur, et demander satisfaction. S'il n'est pas en état de la leur donner, ils exciteront une révolte générale, et vous serez la cause d'une guerre sanglante, que le czar sera obligé de soutenir contre les Tartares. »

Sur le soir, le marchand écossais me rencontra par hasard dans une promenade que je faisais hors de la ville, et m'ayant tiré à l'écart pour me parler : « Je ne doute pas, me dit-il, que je ne vous aie détourné de votre dessein bizarre. — A vous parler franchement, lui répondis-je, vous avez réussi à me faire différer l'exécution de mon projet; mais je l'ai toujours dans l'esprit, et je crois fort que je le mettrai en œuvre avant de quitter cet endroit. Comment croyez-vous que ces malheureux me traiteraient, s'ils me prenaient? ajoutai-je. — Je vous dirai, reprit-il, de quelle manière ils ont traité un pauvre Russe qui avait profané leur culte, ainsi que vous avez envie de le faire : après l'avoir blessé avec une flèche de manière qu'il ne pût plus s'enfuir, ils le mirent entièrement nu, le posèrent près de leur idole, et l'ayant environné de toutes parts, ils lui tirèrent tant de flèches que son corps en fut hérissé; ensuite ils allumèrent le feu au bois de toutes ces flèches, et l'offrirent ainsi en sacrifice à leur divinité. — Était-ce la même idole? lui dis-je. — Oui, me répondit-il, c'était justement la même. — Eh bien, lui dis-je, il faut que l'idole porte la peine de leur cruauté. »

Me voyant absolument déterminé à suivre ma résolution, il me dit que je ne l'exécuterais pas seul, qu'il me suivrait, quoique cette entreprise lui parût une extravagance, et qu'il prendrait pour troisième un de ses compatriotes, fort brave, nommé le capitaine Richardson. Il l'amena, et je lui fis le détail de ce que j'avais vu, et de mon projet. Nous résolûmes d'y aller seulement nous trois, mon associé, à qui j'en avait fait la proposition, n'ayant pas trouvé à propos d'être de la partie. Il m'avait dit qu'il serait toujours prêt à me seconder quand il s'agirait de défendre ma vie, mais qu'une pareille aventure n'était nullement de son goût, et que, malgré tout le ridicule d'un pareil culte, il n'y voyait rien qui pût autoriser une action de ce genre, dans un pays où le gouvernement croyait devoir donner l'exemple de la tolérance, si nécessaire à la tranquillité des états.

Nous prîmes la résolution de n'exécuter notre entreprise qu'à minuit, et de nous y prendre avec toute la précaution et tout le secret imaginables. Nous trouvâmes bon d'attendre jusqu'à la nuit suivante, parce que la caravane partirait le matin même après l'action : ce qui empêcherait le gouverneur de donner satisfaction à ces barbares à nos dépens, puisque nous serions déja hors de son pouvoir.

Le marchand écossais, aussi ferme dans sa-

résolution de m'aider, qu'il se montra dans la suite intrépide en l'exécutant, m'apporta un habit de Tartare, fait de peaux de mouton, avec un bonnet, un arc et des flèches. Il s'en pourvut aussi, de même que son compagnon, afin que ceux qui nous verraient ne pussent jamais deviner quelle sorte de gens nous étions.

Nous passâmes toute la nuit à faire plusieurs compositions de matières combustibles, de poudre à canon, d'esprit-de-vin, et autres drogues de cette nature; nous prîmes un pot rempli de poix-résine, et nous sortîmes de la ville environ une heure après le coucher du soleil.

Il était à peu près onze heures quand nous arrivâmes à l'endroit, sans que nous pussions remarquer que le peuple eût la moindre crainte par rapport à son idole. Le ciel était couvert de nuages, néanmoins la lune nous fournissait assez de lumière pour nous permettre de remarquer que l'idole était précisément à la même place et dans la même position où je l'avais vue auparavant. Ceux du village dormaient tous, excepté dans la tente où j'avais aperçu les trois prêtres, que je pris d'abord pour des bouchers : nous entendîmes cinq ou six personnes parler ensemble; nous jugeâmes de là que, si nous mettions le feu à la statue, on ne manquerait pas de courir sur nous pour en empêcher la destruction. Enfin nous résolûmes de l'emporter, et de la brûler ailleurs; mais quand nous commençâmes à vouloir y mettre la main, nous la trouvâmes d'une telle pesanteur, que nous fûmes forcés de songer à un autre expédient.

Le capitaine Richardson était d'avis de mettre le feu à la hutte, et de tuer les Tartares à mesure qu'ils en sortiraient; mais j'avais trop présent à l'esprit le souvenir de Madagascar pour adopter ce parti inhumain : je m'opposai formellement à ce que notre projet coûtât la vie à un seul de ces idolâtres. « Eh bien ! dit le marchand écossais, tâchons de nous emparer d'eux, de leur lier les mains derrière le dos, et de les forcer à être spectateurs de la destruction de leur idole. »

Nous avions sur nous une assez bonne quantité de la même corde qui nous avait servi à lier nos feux d'artifice; ce qui nous détermina d'abord à surprendre les gens de la cabane, avec aussi peu de bruit qu'il nous serait possible. Nous commençâmes par frapper à la porte, ce qui réussit précisément comme nous l'avions espéré. Un de leurs prêtres venant pour ouvrir, nous le saisîmes de suite, et lui mîmes un bâillon à la bouche; nous lui liâmes les mains, et le conduisîmes devant l'idole, où nous le couchâmes après lui avoir encore attaché les pieds. Deux de nous se mirent ensuite de chaque côté de la porte, attendant que quelque autre sortît pour savoir ce qu'était devenu le premier; quand ils se virent trompés dans cette attente, ils frappèrent de nouveau doucement, ce qui en fit venir deux autres; et nous les traitâmes justement de la même manière que leur compagnon. Quand nous revînmes sur nos pas, nous en vîmes deux autres sortir de la hutte, et un troisième qui s'arrêtait à la porte: nous saisîmes les deux premiers; à ce mouvement, le troisième s'étant retiré en poussant de grands cris, le marchand écossais le suivit de près, et prenant une des compositions que nous avions faites, propre à ne répandre que de la fumée et une odeur de soufre, il y mit le feu, et la jeta au milieu de ceux qui y restaient encore. En même temps l'autre Écossais et mon valet ayant déja lié les deux Tartares l'un à l'autre, les conduisirent vers l'idole, afin qu'ils vissent par eux-mêmes si elle leur apporterait du secours, et ils nous vinrent rejoindre promptement. Lorsque la fusée que nous avions jetée dans la cabane l'eut remplie de fumée, nous en jetâmes une autre d'une nature différente, qui donnait de la lumière comme une chandelle: nous la suivîmes, et nous n'aperçûmes que quatre personnes, deux hommes, et autant de femmes, qui apparemment étaient occupés des préparatifs de leur sacrifice. Ils nous parurent très-effrayés, car ils tremblaient comme la feuille, et la fumée les avait tellement étourdis qu'ils n'étaient point en état de répondre. Nous les prîmes, et les liâmes comme les autres, avec le moins de bruit qu'il fut possible, et nous nous hâtâmes de les faire sortir de la hutte, parce que nous ne pouvions supporter plus long-temps cette épaisse fumée. Nous les plaçâmes auprès de leurs camarades, et aussitôt nous mîmes la main à l'œuvre. Nous commençâmes par répandre sur l'idole une grande quantité de poix-résine et de suif mêlé de soufre; ensuite nous lui remplîmes la bouche, les yeux et les oreilles de poudre à canon; nous lui mîmes des fusées dans son bonnet, et nous la couvrîmes toute, pour ainsi dire, de feux d'artifice. Pour faciliter encore davantage notre dessein, mon valet se souvint d'avoir vu auprès de la tente un gros tas de paille et de foin; il en alla chercher avec le marchand écossais. Tout étant préparé, nous déliâmes nos prisonniers, nous leur ôtâmes les bâillons de la bouche, les plaçâmes vis-à-vis de leur monstrueuse idole, et ensuite nous y mîmes le feu.

Un quart d'heure se passa à peu près avant que le feu prît à la poudre. En s'allumant elle fendit presque toute la statue, la défigurant au point que ce n'était plus qu'une masse informe. Peu contents de ce succès, nous l'entourâmes de paille, et persuadés qu'elle serait réduite en cendre en très-peu de temps, nous commençâmes à songer à nous retirer; mais le marchand écossais nous en détourna, nous assurant que si nous nous en allions, tous ces pauvres idolâtres se jetteraient dans le feu pour être consumés avec leur idole. Nous restâmes donc jusqu'à ce que toute la paille fût brûlée.

Le lendemain nous feignîmes d'être très-occupés des préparatifs du voyage, et personne ne pouvait souçonner que nous fussions allés ailleurs que dans nos lits, puisqu'il n'est rien moins que naturel de courir la nuit quand on prévoit une journée fatigante.

Mais l'affaire n'en resta pas là: le jour suivant une grande multitude de barbares vinrent non-seulement du village, mais encore de tous les lieux d'alentour, aux portes de la ville, pour demander au gouverneur russe satisfaction de l'outrage qui avait été fait au grand Cham-chi-Thaungu et à ses prêtres. C'est là le terrible nom qu'ils donnaient à la plus difforme image qu'on puisse trouver dans tout le paganisme. Le peuple fut d'abord dans une grande consternation d'une visite si peu attendue, qui leur était faite par plus de trente mille personnes, qu'ils prévoyaient devoir s'augmenter en peu de jours jusqu'au nombre de cent mille ames.

Le gouverneur tâcha de les apaiser, et leur donna les meilleures raisons : il les assura qu'il ignorait absolument toute cette affaire, et qu'il était sûr qu'aucun soldat de la garnison n'avait été hors de la ville pendant toute la nuit ; que certainement cette violence ne pouvait avoir été commise par ses gens, et qu'il punirait sévèrement les coupables, s'ils pouvaient les lui indiquer. Ils répondirent avec hauteur que tout le pays d'alentour vénérait le grand Chamchi-Thaungu, que personne d'entre eux ne pouvait avoir commis ce crime, qu'un seul chrétien en était capable ; et que, pour en tirer raison, ils lui annonçaient la guerre aussi bien qu'à tous les Russes.

Le gouverneur dissimula l'indignation que lui donnait un discours si insolent, afin de n'être pas la cause d'une rupture avec ce peuple conquis, que le czar lui avait ordonné de traiter doucement. Afin de détourner leur ressentiment qui menaçait sa garnison, il leur dit que ce matin-là même une caravane était sortie de la ville pour aller en Russie; que c'était peut-être quelqu'un de ces voyageurs qui leur avait fait cet affront; et qu'il enverrait des gens pour le découvrir, s'ils voulaient se contenter de ce procédé.

Cette proposition sembla les calmer un peu, et afin de leur tenir parole, le gouverneur nous dépêcha quelques-uns des siens, qui nous instruisirent en détail de tout ce qui venait d'arriver, et ils ajoutèrent que si quelqu'un de la caravane avait donné occasion à cette émeute, il ferait bien de s'échapper au plus tôt; et que, coupables ou non, nous agirions prudemment, en poussant notre marche avec toute la vitesse possible, pendant qu'il ne négligerait rien pour amuser ces barbares jusqu'à ce que nous fussions hors d'insulte.

Cette conduite du gouverneur était certainement des plus obligeantes, mais quand on en instruisit toute la caravane, il n'y eut personne qui ne parût parfaitement ignorant de toute l'affaire; nous fûmes précisément ceux qu'on soupçonna le moins, on ne nous fit pas seulement la moindre question. Néanmoins celui qui commandait alors la caravane profita de l'avis du gouverneur, et nous marchâmes pendant deux jours et deux nuits sans presque nous arrêter, afin de gagner Jarawena, autre colonie de l'empereur, où nous serions en sûreté.

La seconde journée après la destruction de l'idole, un nuage de poussière, qui paraissait à une grande distance derrière nous, fit croire à quelques-uns de la caravane que nous étions poursuivis. Ils ne se trompaient pas. Nous ne nous trouvions pas loin du désert et nous avions passé un grand lac, quand nous aperçûmes un grand corps de cavalerie de l'autre côté du lac, qui tirait vers le nord, pendant que nous marchions vers l'ouest. Nous étions ravis qu'ils eussent pris cette route, tandis que nous avions pris l'autre, fort heureusement pour nous. Deux jours après nous ne les vîmes plus, car, s'imaginant qu'ils nous suivaient toujours, ils avaient poussé jusqu'au fleuve Udda.

Le troisième jour ils reconnurent leur méprise, ou bien on les instruisit du véritable chemin que nous avions pris, et ils nous poursuivirent avec toute la rapidité imaginable. Nous les découvrîmes vers le coucher du soleil; par bonheur nous avions choisi pour camper un endroit très-propre à nous y défendre. Nous étions à l'entrée d'un désert de plus de cinq cents milles de longueur, et nous ne pouvions nous attendre à rencontrer d'autre ville pour nous servir d'asile que Jarawena, qui était encore à deux journées de nous. Nous avions près de notre poste plusieurs petits bois, et notre camp était dans un passage assez étroit, entre deux bois peu étendus, mais extrêmement épais, ce qui diminuait un peu la crainte que nous éprouvions d'être attaqués cette même nuit. Il n'y avait que nous quatre d'instruits au juste du motif qui nous faisait poursuivre; mais comme les Tartares Monguls ont coutume de parcourir le désert en grandes troupes, les caravanes se fortifient toujours contre ces bandits, et ainsi les nôtres ne furent pas surpris de se voir poursuivis par ces cavaliers.

Non-seulement nous étions campés entre deux bois, mais notre front était encore couvert par un petit ruisseau, de sorte que nous ne pouvions être attaqués qu'à notre arrière-garde. Peu contents encore de tous les avantages naturels de notre position, nous nous fîmes un rempart de tout notre bagage, derrière lequel nous rangeâmes sur une même ligne nos chameaux et nos chevaux, et par-derrière nous nous couvrîmes d'un abatis d'arbres.

Nous n'avions pas encore fini cette espèce de fortification, quand nous eûmes les Tartares sur les bras. Ils ne nous assaillirent pas brusquement comme nous l'avions cru, ni en voleurs de grand chemin; ils commencèrent par nous envoyer trois députés pour nous enjoindre de leur livrer les coupables qui avaient insulté leurs prêtres et détruit par le feu leur dieu Chamchi-Thaungu, afin qu'ils subissent la même peine en expiation de leur crime; et ils ajoutèrent que si on leur accordait leur juste demande, ils se retireraient sans faire le moindre mal au reste de la caravane, sinon qu'ils nous brûleraient tous sans exception.

Nous fûmes fort étourdis de ce compliment; nous nous regardâmes les uns les autres pour examiner si quelqu'un ne découvrirait pas par sa contenance qu'il était particulièrement impliqué dans cette affaire. Le commandant de la caravane fit assurer aux députés qu'il était intimement persuadé que les coupables n'étaient pas dans notre camp, que nous étions tous des marchands d'une humeur paisible, et que nous ne voyagions que pour notre commerce; que nous n'avions pas songé à leur causer le moindre désagrément; qu'ils feraient bien de chercher leurs ennemis ailleurs, et de ne pas nous troubler dans notre marche, ou bien que nous chercherions à nous défendre et à les faire repentir de leur entreprise.

Ils furent si éloignés de croire cette réponse satisfaisante, que le lendemain, au lever du soleil, ils approchèrent de notre camp pour le forcer; mais quand ils en virent l'assiette, ils n'osèrent nous aborder de plus près que de l'autre côté du petit ruisseau qui couvrait notre front. Là ils s'arrêtèrent, en déployant à nos yeux une si terrible multitude, que le plus brave de nous en fut effrayé. Ceux qui en firent le plus modeste calcul crurent qu'ils étaient dix mille au moins. Après nous avoir examinés pendant quelques moments, ils poussèrent des hurlements épouvantables, en couvrant l'air d'un nuage de flèches. Nous nous étions heureusement assez bien précautionnés contre un pareil orage; nous nous cachâmes derrière nos ballots, et aucun de nous ne fut blessé.

Quelque temps après nous les vîmes faire un mouvement du côté droit, et nous nous attendîmes à être attaqués par derrière, quand un Cosaque de Jarawena, homme très-adroit, s'approchant du commandant de la caravane, lui dit que s'il voulait, il se flattait d'envoyer toute cette troupe vers Siheilka, ville éloignée de nous de plus de cinq journées du côté du sud. Voyant que cette offre plaisait au commandant, il prend son arc et ses flèches et monte à cheval, se sépare de nous du côté de notre arrière-garde, et par un grand détour il joint les Tartares en qualité d'exprès qui leur venait donner des lumières sur ce qu'ils cherchaient à découvrir; il leur annonce que ceux qui avaient détruit Chamchi-Thaungu s'en étaient allés du côté de Siheilka, avec une caravane de mécréants, dans la résolution de brûler encore le dieu des Tartares Tonguais.

Presque Tartare lui-même, il parlait si bien leur langue, et ménagea si bien son histoire, qu'ils y ajoutèrent foi sans la moindre difficulté. Dans le moment même, ils s'en allèrent à toute bride, après avoir poussé un horrible hourra, et au bout de trois heures nous n'en vîmes plus un seul, nous n'en entendîmes plus parler, et nous n'avons jamais su s'ils poussèrent jusqu'à Siheilka.

Après nous être tirés de ce danger, nous marchâmes en sûreté jusqu'à la ville de Jarawena, où il y a une garnison russe, et nous y restâmes pendant cinq jours pour nous reposer de la fatigue que nous avions essuyée dans nos dernières marches, pendant lesquelles nous n'avions pas eu le loisir de fermer l'œil.

De là nous entrâmes encore dans un affreux désert, que nous ne pûmes traverser qu'en vingt-trois jours. Nous nous étions fournis de quelques tentes pour passer les nuits plus commodément, et de seize chariots du pays pour porter notre eau et nos provisions. Nous en tirions encore un grand service : pendant la nuit ils nous tenaient lieu de retranchement, rangés autour de notre camp; de sorte que si les Tartares nous avaient attaqués sans une grande supériorité de nombre, nous aurions pu les repousser aisément.

Dans ce désert, nous vîmes un grand nombre de chasseurs qui fournissent toute la terre de ces belles fourrures d'hermine. Ils sont pour la plupart Tartares Monguls, et bien souvent ils attaquent de petites caravanes; mais la nôtre n'était pas susceptible de l'être par eux : aussi nous n'en vîmes jamais de troupes entières. J'aurais été fort curieux de voir les animaux dont ils tirent ces peaux précieuses; mais il me fut impossible de parvenir à mon but; car ils n'osèrent approcher de nous, et c'eût été une grande imprudence de me séparer de la caravane pour les aller visiter.

Au sortir de ce désert, nous entrâmes dans un pays assez bien peuplé, et rempli en quelque sorte de villes et de châteaux, où la cour a établi des garnisons pour la sûreté des caravanes et pour défendre le pays contre les courses des Tartares, qui, sans ces précautions, rendraient les chemins fort dangereux. Sa majesté czarienne a donné des ordres fort précis aux gouverneurs de ces places de ne rien négliger pour mettre les marchands et les voyageurs hors d'insulte; et de leur fournir des escortes d'une forteresse à l'autre, au moindre bruit qui se répandrait de quelque invasion des Tartares.

Conformément à ces ordres, le gouverneur que je visitai avec le marchand écossais qui le connaissait, nous offrit une escorte de cinquante hommes jusqu'à la garnison prochaine, si nous croyions qu'il y eût le moindre danger dans la route.

Je m'étais imaginé, pendant tout le voyage, que plus nous approcherions de l'Europe, et plus nous trouverions les habitants polis et le pays peuplé; mais je m'étais bien trompé, puisque nous avions encore à traverser le pays des Tartares Tonguais, où nous vîmes des preuves égales d'un paganisme barbare et même des marques encore plus grossières que celles qui nous avaient si fort indignés auparavant. Il est vrai qu'entièrement assujettis par les Russes, et mieux tenus en bride que les autres, ils ne sont ni aussi insolents ni aussi dangereux que les Monguls; mais du reste nous vîmes qu'ils ne le cédaient à aucun peuple de l'univers en grossièreté et en idôlatrie. Ils sont tous couverts de peaux de bêtes sauvages, ainsi que leurs maisons. En temps d'hiver, quand toute la terre est couverte de neige, ils vivent dans des souterrains.

Si les Monguls avaient leur Chamchi-Thaungu pour toute leur nation, ceux-ci comptaient des idoles dans chaque tente et dans chaque cave. D'ailleurs ils adoraient le soleil, les étoiles, la neige, l'eau, en un mot tout ce qui offrait à leur esprit quelque chose de merveilleux; et comme leur ignorance leur fait trouver du surprenant partout, il n'y a presque rien qui ne soit honoré de leurs sacrifices.

Il ne m'arriva rien de particulier dans tout ce pays, dont les bornes étaient éloignées du désert dont j'ai parlé de plus de quatre cents milles.

La moitié de ce terrain peut passer aussi pour un désert, et nous fûmes contraints de voyager pendant douze jours sans rencontrer ni maison, ni arbre, et de porter avec nous notre eau et nos autres provisions.

Au sortir de cette solitude, nous parvînmes en deux jours de marche à la ville de Jenizay, située près d'un grand fleuve du même nom, qui sépare l'Europe de l'Asie.

Je remarquai que le paganisme et l'ignorance ont partout le dessus, excepté dans les garnisons russes. Toute l'étendue de terrain entre le fleuve Obi et le fleuve Jenizay est peuplée de païens aussi barbares que les Tartares les plus éloignés, et même que les sauvages de l'Asie et de l'Amérique.

Depuis le fleuve Jenizay jusqu'à l'Obi, il nous fallut traverser un pays abandonné en quelque sorte : ce n'est pas que le terrain soit ingrat et incapable d'être cultivé; il n'y manque que des habitants et de l'industrie. C'est un pays très-agréable et très-fertile. Je dois observer que c'est justement dans ce pays, situé de l'un et l'autre côté de l'Obi, que l'on envoie en exil les criminels russes qui ne sont point condamnés à mort, et il leur est presque impossible de jamais s'en échapper.

Il ne m'arriva rien de remarquable jusqu'à Tobolsk, capitale de la Sibérie, où je demeurai long-temps.

Nous avions mis à peu près sept mois à faire notre voyage, et l'hiver approchait: La caravane devait aller à Moscou, mais nous n'y avions aucune affaire, mon associé et moi ; c'était notre patrie que nous avions uniquement en vue, et cette considération méritait bien que l'on tînt un peu conseil à part. Il est vrai qu'on nous disait merveille des traîneaux tirés par des rennes, qui rendent si faciles et si rapides les voyages qu'on entreprend en temps d'hiver : ce qu'on nous en rapportait, quelque surprenant qu'il fût, était la vérité. Les Russes aiment mieux voyager en hiver qu'en été, parce que dans leurs traîneaux ils passent les jours et les nuits commodément, tout en parcourant un espace extraordinaire. Le pays est entièrement couvert de neige durcie par le grand froid, qui fait une seule surface douce et unie, des plaines, des lacs et des rivières.

Mais je ne pouvais rien gagner par un voyage de cette nature. Pour aller en Angleterre je n'avais que deux chemins à prendre. Je pouvais pousser avec la caravane jusqu'à Jaroslaw, et de là tourner vers l'ouest pour gagner Nerva et le golfe de Finlande; il m'était facile de passer de là par mer ou par terre à Dantzick, où peut-être il me serait possible de me défaire avantageusement de mes marchandises de la Chine; ou bien je devais quitter la caravane à une petite ville située sur la Dwina, d'où, en six jours de temps, je viendrais par Archangel, et passerais de là par mer en Angleterre, à Hambourg ou en Hollande.

L'un et l'autre de ces voyages ne pouvaient être exécutés pendant l'hiver. Il était impossible de gagner Dantzick par mer, parce que la mer Baltique est toujours gelée dans cette saison; et vouloir voyager par terre dans ce pays-là était une chose aussi dangereuse que de marcher mal accompagné au travers des Tartares

Monguls. D'un autre côté, si j'étais arrivé à Archangel au mois d'octobre, j'aurais trouvé tous les vaisseaux partis et la ville presque déserte, puisque les marchands qui l'habitent l'été, ont coutume de se retirer l'hiver à Moscou; j'aurais pu y ressentir un froid extrême, et peut-être y manquer de vivres, et y mener une vie triste et désagréable, faute de compagnie. Il valait mieux par conséquent laisser la caravane et faire tous les préparatifs nécessaires pour passer l'hiver dans la capitale de la Sibérie, où je pouvais compter sur trois choses essentielles, l'abondance, une maison chaude, et très-bonne société.

Je me trouvais alors dans un climat bien différent de celui de ma chère île, où je ne sentis jamais le froid que pendant les frissons de ma fièvre, et où j'avais au contraire bien de la peine à supporter des habits sur mon corps, où je ne faisais du feu que hors de la maison, et uniquement pour me préparer quelques mets. Ici je commençai par me fournir de camisoles et de quelques grandes robes qui me pendaient jusqu'aux pieds, et dont les manches étaient boutonnées jusqu'aux poignets. Tous ces différents vêtements étaient doublés de bonnes fourrures.

Pour chauffer ma maison, je m'y pris d'une autre manière que celle dont on se sert en Angleterre, où l'on fait du feu dans des cheminées ouvertes qui sont placées dans chaque chambre, ce qui laisse un air aussi froid qu'il était auparavant dès que le feu est éteint. Je fis placer une cheminée semblable à une fournaise, dans un endroit qui formait le centre de six chambres différentes; le tuyau par où devait sortir la fumée allait d'un côté, et l'ouverture par où sortait la chaleur était justement à l'opposé : par-là toutes les chambres se trouvaient entretenues dans une chaleur égale, sans qu'on vît de feu nulle part, comme dans les bains d'Angleterre.

C'est ainsi que mes appartements étaient toujours chauds, quelque froid qu'il fît, et je ne fus jamais incommodé de la fumée.

Je trouvai bonne compagnie dans ce pays de barbares, quoiqu'il soit une des provinces les plus septentrionales de la Russie, pays situé dans le voisinage de la mer Glaciale, et éloigné seulement de quelques degrés de la Nouvelle-Zemble. En effet, la Sibérie est le séjour des criminels d'état de la Russie; la ville capitale doit être par conséquent remplie de noblesse, de généraux, de grands seigneurs et de princes même. J'y trouvai le fameux prince Galitzin, le vieux général Robostiski, et plusieurs autres personnes du premier rang, parmi lesquelles il y avait même plusieurs dames de distinction.

Par le moyen du marchand écossais, qui fut obligé de se séparer de moi, je fis connaissance avec plusieurs de ces personnages du premier ordre : j'en reçus plusieurs agréables visites, qui contribuèrent beaucoup à me faire trouver courtes les tristes soirées de l'hiver.

Ayant lié conversation un jour avec le prince***, qui avait été autrefois un des ministres d'état du czar, je lui entendis raconter des choses surprenantes sur la grandeur et la domination étendue de son maître. Je l'interrompis pour lui dire que je m'étais vu autrefois un monarque plus absolu que lui, bien que mes sujets ne fussent pas si nombreux , ni mon empire aussi grand. Ce discours causa une grande surprise au prince russe, qui, me regardant avec une attention extraordinaire, me pria très-sérieusement de lui dire s'il y avait quelque réalité dans ce que je venais de lui débiter si gravement. Je lui promis que sa surprise cesserait dès que j'aurais le loisir de m'expliquer, et lui dis que j'avais eu le pouvoir de disposer absolument de la fortune et de la vie de mes sujets, et que, malgré mon despotisme , il n'y avait eu personne dans tous mes états dont je n'eusse été chéri avec une tendresse filiale. Il me répondit, en secouant la tête, qu'effectivement de ce côté-là j'avais surpassé de beaucoup le czar. « Ce n'est pas tout, repris-je, toutes les terres de mon royaume m'appartiennent en propre; tous mes sujets n'étaient que mes fermiers, sans y être contraints, et ils auraient tous hasardé leur vie pour sauver la mienne : jamais prince ne fut plus tendrement aimé, et en même temps si fort respecté et plus redouté de son peuple. »

Enfin je lui racontai en détail tout ce qui

m'était arrivé dans l'île, et la manière dont j'avais gouverné mes sujets.

La compagnie fut enchantée de cette relation, et surtout le prince, qui me dit, en poussant un grand soupir, que la véritable grandeur de l'homme consistait à être son propre maître et à s'acquérir un empire despotique sur ses propres passions ; qu'il n'aurait pas changé une monarchie comme la mienne contre toute la domination de son auguste maître ; qu'il trouvait une félicité plus réelle dans la retraite à laquelle il avait été condamné, que dans la grande autorité dont il avait joui autrefois à la cour du czar ; et que, selon lui, le plus haut degré de la sagesse humaine consistait à proportionner nos désirs et nos passions à la situation où la Providence trouvait bon de nous ménager un calme intérieur au milieu des tempêtes et des orages qui nous environnent extérieurement.

« Pendant les premiers jours que je passai ici, continua-t-il, j'étais accablé de mon prétendu malheur, je m'arrachais les cheveux, en un mot je m'abandonnais à toutes les extravagances ordinaires à ceux qui se croient accablés par l'infortune; mais un peu de temps et quelques réflexions me portèrent à me considérer moi-même d'une manière tranquille, aussi bien que les objets qui m'environnaient. Je trouvai bientôt que la raison humaine, dès qu'elle a l'occasion d'examiner à loisir tout le détail de la vie et la nature des secours qu'elle peut emprunter de l'industrie pour la rendre heureuse, est parfaitement capable de se procurer une félicité réelle, indépendante des coups du sort, et entièrement convenable à nos désirs les plus naturels et au grand but pour lequel nous sommes créés. Je compris, en peu de jours, qu'un air pur à respirer, des aliments simples pour soutenir notre vie, des habits propres à nous défendre des injures de l'air, et la liberté de prendre autant d'exercice qu'il en faut pour la conservation de la santé, sont tout ce qu'il faut pour satisfaire les besoins véritables de l'homme. J'avoue que la grandeur, l'autorité, la richesse et les plaisirs qu'elle nous procure et dont j'ai eu autrefois ma bonne part, sont capables de nous donner mille agréments ; mais, d'un autre côté, tous ces plaisirs influent terriblement sur les plus dangereuses de nos passions ; ils fertilisent, pour ainsi dire, notre ambition, notre orgueil, notre avarice et notre sensualité. Ces dispositions de notre cœur, criminelles en elles-mêmes, contiennent les semences de tous nos autres crimes; elles n'ont pas la moindre relation avec ces talents qui font l'homme sage, ni avec ces vertus qui constituent le caractère du chrétien. Privé aujourd'hui de tout ce bonheur extérieur, source ordinaire des vices, éloigné du faux brillant, je ne le regarde que de son côté ténébreux; je n'y trouve que de la difformité, et suis pleinement convaincu que la vertu seule rend l'homme véritablement sage, grand, riche, et que seule elle le prépare à la jouissance d'une félicité éternelle. Dans cette pensée, ajouta-t-il, je me trouve plus heureux au milieu de ce désert que tous mes ennemis, qui sont en pleine possession des richesses et de l'autorité qu'ils m'ont fait perdre, et dont je me sens déchargé comme d'un fardeau pesant.

« Vous penserez peut-être, monsieur, me dit-il encore, que je suis uniquement forcé à entrer dans ces vues par la nécessité, et qu'une espèce de politique me suggère de pareilles idées pour adoucir un état que d'autres pourraient nommer misérable; mais vous vous tromperiez. S'il est possible à l'homme de connaître quelque chose de ses sentiments, je puis vous assurer que je ne voudrais pas retourner à la cour quand le czar mon maître aurait l'intention de me rétablir dans toute ma grandeur. Si jamais j'en suis capable, j'avoue que mon extravagance approchera de celle d'un homme qui, délivré de la prison du corps et ayant déja un goût de la félicité céleste, voudrait revenir sur la terre, et se livrer de nouveau aux faiblesses honteuses et aux misères de la vie humaine. »

Il prononça ce discours avec tant de chaleur et avec une action si pathétique, qu'on pouvait voir dans tous ses traits qu'il exprimait les véritables sentiments de son cœur.

Je lui dis que je m'étais cru autrefois une espèce de monarque dans l'état que je lui avais dépeint, mais que, pour lui, il n'était pas seulement un souverain despotique, mais encore un grand conquérant, puisque celui qui remporte la victoire sur ses désirs rebelles, qui s'assujettit soi-même et qui rend sa volonté absolument dépendante de sa raison, mérite mieux ce titre glorieux que celui qui renverse les murailles de la plus forte place. « Je vous conjure pourtant, monseigneur, ajoutai-je, de m'accorder la liberté de vous faire une seule question. S'il vous était entièrement permis de sortir de ces solitudes et de mettre fin à votre exil, le feriez-vous ? »

« Monsieur, me répondit-il, votre question est subtile, et il faut établir quelque distinction très-exacte pour y répondre juste. Je vais pourtant vous satisfaire avec toute la candeur dont je suis capable. Rien au monde ne serait assez fort pour me tirer de mon exil que les deux motifs suivants, le désir de voir mes parents et de vivre dans un climat un peu plus doux; mais je puis vous protester que si mon souverain voulait me remettre dans la pompe de sa cour et dans l'embarras qui accompagne l'autorité d'un ministre, je n'abandonnerais pas ces lieux sauvages, ces lacs glacés, pour le faux brillant de la gloire et de la richesse, ni pour les folies du courtisan le plus favorisé du prince. »

« Mais, monseigneur, repris-je, peut-être n'êtes-vous pas seulement banni des plaisirs de la cour, de l'autorité et des richesses dont vous avez joui autrefois; il se peut que vos biens soient confisqués, que vous soyez privé de quelques-unes des commodités de la vie, et que vous n'ayez pas les moyens de subvenir aux besoins d'un état médiocre. »

« Vous devinez assez juste, me répliqua-t-il, si vous me considérez en qualité de prince, comme je le suis réellement; mais si vous me regardez simplement comme une créature humaine, confondue avec le reste des hommes, vous comprendrez facilement que je ne saurais tomber dans la disette, à moins que d'être attaqué de quelque maladie longue. Vous voyez notre manière de vivre. Nous sommes ici cinq personnes de qualité; nous vivons dans la retraite et d'une manière convenable à des exilés; nous avons tous sauvé quelque chose des débris de notre fortune, ce qui nous exempte de la fatigue de pourvoir à notre subsistance par la chasse. Cependant les pauvres soldats qui se trouvent ici, et qui courent les bois pour prendre des renards et des zibelines, sont aussi à leur aise que nous; le travail d'un mois leur fournit tout ce qui leur est nécessaire pour une année entière. Comme nous dépensons peu, nos besoins sont très-bornés, et il nous est aisé d'y subvenir abondamment. »

Je m'étendrais trop si je voulais rapporter toutes les particularités de l'entretien que j'eus avec cet homme véritablement grand. Il y fit voir un génie supérieur, une grande connaissance de la véritable valeur des choses, et une sagesse soutenue par une noble piété. Il n'était pas difficile enfin de se persuader que le mépris qu'il avait pour le monde était sincère.

Je restai dans la capitale de la Sibérie pendant huit mois; le froid était si excessif, que je n'osais me hasarder dans les rues sans être enfoncé dans mes fourrures, et sans même avoir devant le visage un masque qui en fût doublé, et auquel il n'y avait qu'une ouverture pour la respiration, et deux autres pour donner la liberté de voir et de distinguer les objets. Pendant trois mois nous n'eûmes que cinq heures de jour, ou tout au plus six, et le reste du temps il aurait fait une obscurité absolue, si la terre n'eût été couverte de neige. On gardait nos chevaux dans les souterrains; et les trois valets que nous avions loués pour avoir soin de nous et de nos bêtes souffrirent si fort de la saison, que de temps en temps il fallut leur couper quelque doigt ou quelque orteil, de peur que la gangrène ne s'y mît, lorsqu'à force de frictions avec la neige on ne parvenait pas à leur rendre la sensibilité, le mouvement et la chaleur.

Il est vrai que nous étions fort chaudement dans notre maison; les murailles étaient épaisses, les fenêtres petites et doubles. Les vivres ne nous manquaient pas; ils consistaient principalement en biscuit, en poisson sec, en mouton et en chair de buffle. Notre boisson était de l'eau mêlée d'esprit-de-vin au lieu d'eau-de-vie; quand nous voulions nous régaler, nous avions, au lieu de vin, de l'hydromel excellent.

Les chasseurs, qui ne laissaient pas de battre le bois, quelque temps qu'il fît, nous apportaient de loin en loin du gibier fort gras et d'un goût délicieux : ils nous fournissaient aussi quelquefois de grandes pièces d'ours, qui passent dans ce pays pour une venaison excellente; mais nous ne trouvions pas ce mets aussi délicat que le prétendent les habitants. Nous avions heureusement apporté une grande provision de thé très-bon, dont nous pouvions régaler nos amis; en un mot, il ne nous manquait rien pour vivre agréablement.

Nous étions entrés dans le mois de mars, les jours commençaient à devenir plus longs, et le froid à être supportable. Plusieurs voyageurs faisaient déja les préparatifs nécessaires afin de partir en traîneau; mais, pour moi, qui avais pris la résolution de gagner Archangel et non Moscou, je ne fis pas le moindre mouvement, sachant que les vaisseaux venant du sud ne partent guère pour cette partie du monde qu'au mois de mai ou au commencement de juin, et que, si j'y arrivais au commencement d'août, j'y serais avant qu'aucun vaisseau fût prêt à retourner.

Je vis partir tous les voyageurs et tous les marchands qui avaient intérêt à me devancer ; tous les ans, ils quittent la Sibérie pour aller les uns à Moscou et les autres à Archangel, afin d'y vendre leurs fourrures et d'y acheter tout ce qui leur est nécessaire ; ils ont huit cents milles à faire pour revenir chez eux ; ils devaient donc être plus pressés que moi de partir.

Je ne commençai à emballer mes effets et mes marchandises qu'à la fin de mai, et pendant cette occupation je pensai à tous ces exilés qu'on laisse en liberté dès qu'ils sont arrivés en Sibérie. Ils peuvent aller partout où ils veulent, et j'étais fort surpris de ce qu'ils ne songeaient pas à gagner quelque autre partie du monde, où ils pourraient vivre plus à leur aise et dans un meilleur climat.

Mon étonnement cessa dès que j'en eus parlé au prince. « Il faut considérer d'abord, monsieur, répondit-il, l'endroit où nous sommes, et ensuite notre situation. Nous ne saurions nous échapper qu'à travers une étendue de terrain appartenant au czar, d'environ trois cent quarante lieues. Il est absolument nécessaire de suivre les grandes routes frayées par les gouverneurs des provinces, et de passer par des villes où il y a garnison russe; en suivant les chemins ordinaires, nous serions découverts indubitablement, et en prenant des routes détournées, nous serions exposés à mourir de faim. Former une pareille entreprise serait donc une véritable extravagance. »

Cette réponse me réduisit au silence, et me fit comprendre que ces exilés étaient aussi bien emprisonnés dans les vastes campagnes de la Sibérie que s'ils étaient resserrés dans la citadelle de Moscou. Mais cette conviction ne m'empêcha pas de songer à tirer cet homme illustre de sa triste solitude, ni d'en former le dessein, quelque dangereux qu'il pût être pour moi-même. Un soir, je trouvai l'occasion de lui expliquer mes pensées à ce sujet, et de lui en faire la proposition. « Il m'est fort aisé, lui disje, de vous emmener avec moi, puisque vous n'étes point gardé à vue. J'ai résolu de gagner Archangel, et non Moscou; dans cette route je puis marcher avec mon train, en guise d'une petite caravane, et je ne serai pas obligé de chercher des gîtes dans les garnisons russes; je pourrai camper toutes les nuits où je voudrai: de cette manière je puis facilement vous conduire à Archangel, vous mettre en sûreté à bord d'un vaisseau anglais ou hollandais, et vous mener avec moi dans des pays où personne ne songera certainement à vous poursuivre. » Je l'assurai en même temps que j'aurais soin de lui fournir, pendant tout le voyage, tout ce dont il aurait besoin, jusqu'à ce qu'il fût en état de subsister aisément par lui-même.

Il m'écouta très-attentivement, et tandis que je parlais, il me regarda fixement; je pus voir même, par son air, que ce que je lui disais le mettait dans la plus violente agitation. Il changeait de couleur à tout moment, ses yeux paraissaient tantôt vifs, tantôt éteints, et son cœur semblait flotter entre plusieurs passions opposées. Il ne fut pas d'abord en état de me répondre. Enfin s'étant un peu remis: « État malheureux, s'écria-t-il, que celui des mortels, quand ils ne se précautionnent pas avec toute l'attention possible contre les dangers qui menacent leur faible vertu! Les témoignages de l'amitié la plus sincère peuvent devenir pour eux des piéges: mon cher ami, continua-t-il d'un ton plus calme, il y a tant de désintéressement dans l'offre que vous me faites, que je connaîtrais fort peu le monde si je ne m'en étonnais pas, et que je serais le plus ingrat des hommes si je n'en avais toute la reconnaissance possible. Mais parlez-moi naturellement: avez-vous cru que le mépris que je vous ai fait voir pour le monde était réel, et que je vous aie découvert le fond de mon ame, en vous assurant que, dans mon exil, je m'étais procuré une félicité supérieure à tous les avantages qu'on peut obtenir de la grandeur et des richesses? M'avez-vous cru sincère quand je vous ai protesté que je refuserais de rentrer dans la condition brillante où je me suis vu autrefois à la cour de mon maître? M'avez-vous pris pour un de ces hypocrites qui se dédommagent de leur mauvaise fortune par une ostentation de fausse piété et de vaine sagesse? »

Il s'arrêta, non pour attendre ma réponse, mais parce que l'agitation de son cœur l'empêchait de poursuivre. J'étais plein d'admiration pour les sentiments de ce grand homme, et cependant je ne négligeai rien pour l'y faire renoncer. Je me servis de quelques arguments pour le porter au dessein de se tirer de sa triste situation; je m'efforçai de lui faire considérer ma proposition comme un ordre qu'il recevait de la Providence, de se mettre dans un état plus digne de lui, et se rendre utile aux autres hommes.

« Que savez-vous, me répondit-il, si, au lieu d'un ordre de la Providence, ce n'est pas plutôt une ruse du démon, qui, dans ma délivrance, offre à mon ame l'idée d'une grande félicité, uniquement pour me faire tomber dans un piége, et me porter à courir à ma ruine? Dans mon exil, je suis libre de toute tentation de retourner à ma misérable grandeur; si j'étais libre, peut-être l'orgueil, l'ambition, l'avarice et la sensualité, dont la source n'est jamais entièrement tarie dans le cœur humain, m'entraîneraient-ils de nouveau avec impétuosité. Alors cet heureux prisonnier redeviendrait, au milieu des douceurs d'une liberté extérieure, l'esclave de ses sens et de ses passions. Non, non, mon ami, il vaut mieux que je reste dans mon exil, banni de la cour, et exempt de crimes, que de me délivrer de cette vaste solitude aux dépens de la liberté de ma raison, aux dépens d'une félicité éternelle, sur laquelle je fixe à présent mes yeux, et que je pourrais perdre si j'acceptais vos offres obligeantes. Je suis un homme faible, naturellement sujet à la tyrannie des passions; ne me tirez pas de mon heureuse défiance; ne soyez pas en même temps mon ami et mon tentateur. »

Si j'avais été surpris de son discours précédent, celui-ci me rendit absolument muet. Son ame luttait avec force contre ses désirs et contre le penchant, naturel à tout homme, de chercher les agréments de la vie. Je lui dis, en peu de mots, qu'il ferait bien de réfléchir à loisir et avec calme sur cette affaire; et je m'en retournai chez moi.

Environ deux heures après, j'entendis quelqu'un à la porte de ma chambre; c'était le prince lui-même. « Mon ami, me dit-il, vous m'avez presque persuadé; mais la réflexion est venue à mon secours, et je me raffermis absolument dans mon opinion; ne le trouvez pas mauvais, je vous en prie. Si je n'accepte pas une offre aussi obligeante et aussi désintéressée que la vôtre, si je la refuse, ce n'est pas faute de reconnaissance; j'en ai toute la gratitude possible, soyez-en persuadé. Vous allez vous séparer de moi, et si vous ne me laissez pas entièrement libre, du moins vous me laissez homme de bien et armé contre mes désirs d'une sage précaution et d'une défiance prudente. »

Je ne pouvais que tomber d'accord de la sagesse de sa résolution, en lui protestant que mon but avait été uniquement de lui rendre service. M'embrassant alors avec tendresse, il m'assura qu'il était convaincu de la pureté de mes intentions, et qu'il serait charmé de pouvoir me témoigner sa reconnaissance. Pour me faire voir que ces protestations étaient sincères, il m'offrit des zibelines et d'autres fourrures de prix. J'avais de la peine à me résoudre à les accepter d'un homme qui était dans une situation malaisée; mais il ne voulut point être refusé, et pour ne pas le désobliger j'acceptai ce magnifique présent.

Le jour suivant, je lui envoyai du thé, deux pièces de damas de la Chine, et quelques pièces d'or du Japon, qui ne pesaient pas six onces en tout; il s'en fallait de beaucoup que mon présent égalât le sien, puisqu'à mon retour en Angleterre je le trouvai de la valeur de plus de 200 livres sterling.

Il accepta le thé, une pièce de damas, et une seule petite pièce d'or marquée au coin du Japon, qu'il ne prit sans doute que comme une curiosité; et, me renvoyant le reste, il me fit dire qu'il serait bien aise d'avoir une conversation avec moi.

M'étant venu voir, il me déclara que je savais ce qui s'était passé entre nous, et qu'il me conjurait de ne lui en plus parler; mais qu'il serait bien aise d'apprendre si, lui ayant fait une offre si généreuse, je serais d'humeur à rendre le même service à une personne qu'il me nommerait, et à laquelle il s'intéressait de la manière la plus tendre. Je lui répondis naturellement que je parlerais contre ma conscience si je disais que j'étais prêt à faire autant pour un autre que pour lui, qui m'inspirait un profond respect et la plus parfaite estime. « Cependant, continuai-je, si vous voulez bien me nommer la personne en question, je vous répondrai avec franchise; et si ma réponse vous déplaît, j'ose espérer que vous ne m'en voudrez point. » Il me dit qu'il s'agissait de son fils unique, que je n'avais jamais vu, et qui se trouvait dans la même condition que lui, éloigné de Tobolsk de plus de deux cents milles; mais qu'il trouverait le moyen de le faire venir, si je pouvais lui rendre ce service.

Je n'hésitai pas un moment; je lui répondis que j'y consentais de bon cœur, et que, ne pouvant montrer à lui-même jusqu'à quel point je le considérais, je serais charmé de le lui prouver dans la personne de son fils. Le lendemain il envoya chercher le jeune prince, qui arriva trois semaines après, amenant avec lui six ou sept chevaux chargés des plus riches fourrures, dont la valeur montait à une somme très-considérable.

Ses valets conduisirent les chevaux dans la ville, laissant leur jeune maître à quelque distance de là; il entra la nuit, incognito, dans la maison de son père, qui me le présenta. Nous nous concertâmes aussitôt pour notre voyage.

J'avais échangé dans cette ville une partie de mes marchandises de la Chine contre une bonne quantité de zibelines, d'hermines, de renards noirs et autres fourrures de prix. Ce que j'avais donné consistait surtout en noix muscades et en clous de girofle; dans la suite je me défis de ce qui m'en restait à Archangel, où j'en tirai un meilleur parti que je n'aurais pu le faire à Londres. Ce commerce fit grand plaisir à mon associé; il se félicitait du parti que nous avions pris de rester si long-temps dans la Sibérie, à cause des profits considérables que nous y avions faits.

C'était au commencement de juin que je partis de cette ville si éloignée des routes ordinaires du commerce, qu'elle ne doit pas faire grand bruit dans le monde. Notre caravane était extrêmement petite, puisqu'elle ne consistait qu'en trente chameaux. Tous passaient sous mon nom, quoiqu'il y en eût onze dont le jeune prince était propriétaire. Ayant un si fort équipage, je devais avoir naturellement un bon nombre de domestiques; par conséquent, ceux du prince pouvaient bien passer pour les miens. Ce seigneur lui-même prit le titre de mon maître-d'hôtel.

Nous fûmes contraints d'abord de traverser le plus grand et le plus désagréable désert que j'aie rencontré dans tout le voyage. Le terrain est marécageux en plusieurs endroits, et fort inégal en plusieurs autres. Tout ce qui nous consolait, c'était la pensée que nous n'avions rien à craindre des Tartares, qui ne passent jamais l'Obi, ou du moins que très-rarement.

Le jeune prince avait avec lui un fidèle domestique russe, ou plutôt sibérien, qui connaissait parfaitement tout le pays; il nous conduisit par des routes particulières, pour éviter les villes qui sont sur les grands chemins; il savait que les garnisons qui s'y trouvent observent avec une exactitude très-scrupuleuse l'ordre qu'elles ont de visiter les voyageurs, pour voir si quelque étranger de marque ne s'aviserait pas de s'introduire dans le cœur de la Russie.

Les mesures que nous prîmes ne nous exposaient pas à de pareilles recherches; mais d'un autre côté elles nous forçaient à faire tout notre voyage par le désert, et à camper chaque nuit sous nos tentes, au lieu qu'en passant par les villes nous aurions pu jouir de toutes les commodités imaginables. Le jeune prince sentait si bien les désagréments où ma bonté pour lui m'engageait, que toutes les fois que nous nous trouvions près de quelque ville, il couchait dans le bois avec son fidèle valet, et il savait nous rejoindre dans les endroits où nous étions convenus de l'attendre.

Nous entrâmes en Europe en passant la rivière appelée Kama, qui dans ce lieu sépare l'Europe de l'Asie. Dans la première ville européenne qu'on rencontre de ce côté, nous crûmes voir un peuple plus civilisé.

Le désert que nous avions à franchir n'a que deux cents milles d'étendue vers ce point, quoiqu'il en ait sept cents dans d'autres directions. En traversant cette vaste solitude, après avoir banni toute idée de danger de mon esprit, je courus le risque d'être massacré, avec toute ma suite, composée de quinze personnes, par une troupe de brigands. Je ne pus d'abord savoir si c'était une bande de Tartares, répandus au-delà des bords de l'Obi, ou bien une troupe de chasseurs de la Sibérie, qui s'étaient assemblés pour prendre une autre proie que des zibelines et des renards. Ce que je sais parfaitement, c'est qu'ils étaient tous à cheval, armés d'arcs et de flèches, et que, quand nous les rencontrâmes pour la première fois, leur nombre montait environ à quarante-cinq. Ils approchèrent de nous à deux différentes reprises, et nous environnant de tous côtés, ils nous examinèrent avec une très-grande attention. Ensuite ils se postèrent sur notre route, comme s'ils avaient eu l'intention de nous intercepter le passage.

Nous plaçâmes devant nous nos chameaux, tous sur une même ligne, afin d'être plus en état de repousser les ennemis, et, faisant halte, nous envoyâmes le Sibérien du prince pour les reconnaître. Son maître y consentit de bon cœur, d'autant plus qu'il craignait que ce ne fût une troupe détachée pour l'arrèter dans sa fuite, et le ramener par force.

Ce brave domestique s'avança de leur côté, et, se tenant à une certaine distance, il leur parla dans tous les différents dialectes de la langue sibérienne, sans pouvoir entendre un seul mot de ce qu'ils lui répondaient. Cependant il comprit, par plusieurs de leurs signes, qu'ils tireraient sur lui s'il avait la hardiesse d'approcher davantage. Il retourna sur ses pas, pour venir faire son rapport, sans avoir grand'chose à nous dire, sinon qu'il les croyait Kalmoucks ou Circassiens par leurs vêtements, et que, selon toutes les apparences, il devait y en avoir une grande quantité répandue dans le désert, quoiqu'il n'eût jamais entendu dire que ces barbares se fussent si fort avancés du côté du nord.

Sur notre gauche, à un quart de mille de

nous, et tout près de la route, se trouvait un petit bosquet, où les arbres étaient extrêmement serrés; je songeai d'abord qu'il fallait nous avancer jusque là, et nous y fortifier le mieux qu'il nous serait possible. Nous devions nécessairement gagner par cette manœuvre un double avantage ; les branches épaisses et entrelacées nous mettraient à couvert des flèches de nos ennemis, et ils ne pourraient nous attaquer en corps. Ce fut le vieux pilote portugais qui m'y fit penser. Ce brave homme conservait toujours son sang-froid dans le péril, ce qui le rendait toujours prêt à nous donner de bons conseils et à nous inspirer du courage.

Nous exécutâmes ce projet avec toute la diligence possible, et nous gagnâmes le petit bois, sans que les Tartares fissent le moindre mouvement pour nous en empêcher. Nous y trouvâmes, à notre grande satisfaction, que c'était un terrain marécageux, et qu'il y avait d'un côté une grande source d'eau qui se répandait dans une espèce de petit lac, et qui, à quelque distance de là, était jointe par une autre source de la même grandeur. En un mot, nous nous vîmes justement auprès de la source d'une rivière considérable.

Les arbres qui croissaient à l'entour de cette source n'étaient guère qu'au nombre de deux cents, mais fort serrés, et garnis de branches extrêmement touffues. Dès que nous nous vîmes maîtres de ce bocage, nous nous crûmes hors de danger, à moins que nos ennemis ne missent pied à terre pour nous attaquer.

Pour rendre encore cette entreprise plus difficile, notre vieux Portugais s'avisa de couper de grandes branches et de les laisser pendre aux arbres, ce qui nous environna comme d'une fortification suivie.

Les ennemis ne firent pas le moindre mouvement pendant un espace de temps considérable. Enfin, vers deux heures avant la nuit, ils vinrent directement à nous, et quoique nous ne nous en fussions pas aperçus, nous trouvâmes que leur nombre était fort augmenté : ils étaient au moins quatre-vingts cavaliers, parmi lesquel nous crûmes remarquer quelques femmes.

Ils n'étaient éloignés de nous que d'une demi-portée de fusil, quand nous tirâmes un seul coup à poudre, en leur demandant en même temps en langue russe ce qu'ils voulaient, et leur criant qu'ils eussent à se retirer. Comme ils ne nous entendaient pas, ce coup ne fit que redoubler leur fureur. Ils avancèrent à toute bride du côté du bois, sans s'imaginer que nous fussions si bien retranchés qu'il était absolument impossible de s'y frayer un passage. Notre Portugais, qui avait été notre ingénieur, était aussi notre capitaine. Il nous pria de ne faire feu que lorsque nous verrions l'ennemi à demi-portée de pistolet, afin que nous fussions sûrs de nos coups. Nous lui dîmes de nous en donner le signal, et il tarda si longtemps, que plusieurs de nos ennemis n'étaient éloignés de nous que de la longueur de deux piques quand nous fîmes notre décharge.

Nous visâmes si juste, que nous en tuâmes quatorze, sans compter les chevaux et ceux qui n'étaient que blessés, car nous avions tous chargé nos armes de deux ou trois balles.

Ils furent très-étonnés d'une décharge si peu

attendue, et se retirèrent à plus de deux cents verges de nous. Nous eûmes non-seulement le temps de recharger nos fusils, mais encore de faire une sortie et de saisir cinq ou six chevaux dont les maîtres avaient apparemment perdu la vie. Nous reconnûmes facilement que nos ennemis étaient des Tartares, mais il nous fut impossible de découvrir de quel pays ils étaient, et par quel motif ils s'étaient avancés jusque là.

Environ une heure après, ils firent un second mouvement pour nous attaquer, et furent reconnaître notre petit bois de toutes parts pour voir s'ils ne pourraient pas trouver un autre passage; mais remarquant que nous étions prêts à leur tenir tête de tous côtés, ils se retirèrent de nouveau, et nous prîmes la résolution de nous tenir clos et couverts pendant toute la nuit.

Nous dormîmes fort peu, et nous passâmes presque toute la nuit à augmenter nos fortifications, et à barricader tous les endroits par lesquels les ennemis pouvaient le plus facilement venir à nous, sans négliger de poser partout des sentinelles, et de faire bonne garde.

Dans cette attitude nous attendîmes le jour avec impatience, mais il nous fit faire une découverte fort désagréable. Les ennemis, que nous croyions découragés par la réception qu'ils avaient reçue, s'étaient augmentés jusqu'au nombre de plus de trois cents, et ils avaient dressé dix ou douze tentes, comme s'ils eussent pris la résolution de nous assiéger. Ce petit camp était situé dans la plaine, à un quart de lieue de nous. Nous fûmes tous fort consternés à son aspect, et j'avoue que, pour moi, je me crus perdu, avec tout ce que je possédais avec moi de richesses. Quoique cette dernière perte eût été considérable, ce n'était pas celle-là qui me touchait le plus; ce qui m'effrayait davantage, c'était la pensée de tomber entre les mains de ces barbares, à la fin d'un si long voyage, après avoir echappé à tant de périls et surmonté des difficultés si grandes et si nombreuses, et de périr à la vue du port, pour ainsi dire, au moment même où je m'étais cru dans une entière sûreté. Pour mon associé, sa douleur allait jusqu'à la rage; il protesta que la perte de ses biens et celle de sa vie lui étaient égales; qu'il aimait mieux périr en combattant que de mourir de faim; et qu'il se défendrait jusqu'à la dernière goutte de son sang.

Le jeune prince pensait qu'il fallait se battre jusqu'au dernier soupir, et le vieux pilote croyait que, de la manière que nous étions postés, nous pouvions tenir tête à nos ennemis et les repousser. Tout le jour se passa de cette manière, sans que nous pussions parvenir à une résolution fixe. Vers le soir, nous aperçûmes un nouveau renfort venu aux Tartares, ce qui nous fit croire qu'ils étaient séparés en différentes bandes, pour rôder partout, et chercher quelque proie, et que les premiers avaient détaché quelques-uns des leurs, pour donner avis aux autres du butin qu'ils avaient découvert.

Craignant que le lendemain ils ne fussent encore plus nombreux, je questionnai les gens que nous avions amenés avec nous de Tobolsk, pour savoir d'eux s'il n'y avait pas quelque route détournée par laquelle nous pussons échapper à ces brigands pendant la nuit, et nous retirer vers quelque ville, ou bien trouver quelque part une escorte qui nous conduisît à travers le désert.

Le Sibérien, domestique du prince, nous dit que, si nous aimions mieux leur échapper que les combattre, il se faisait fort de nous tirer de là pendant la nuit, par un chemin qui allait du côté du nord vers Pétrou, et de tromper indubitablement les Tartares, qui nous tenaient comme assiégés. Il ajouta que malheureusement son maître lui avait protesté qu'il voulait se battre, et non se retirer.

Je lui répondis qu'il avait mal compris les expressions du prince, qui était trop sage pour vouloir se battre, simplement afin d'avoir le plaisir de se battre, et que, bien qu'il eût déja donné de grandes marques de son intrépidité, il ne prétendrait pas résister, avec dix-sept ou dix-huit hommes, à cinq ou six cents Tartares, sans y être contraint par une nécessité inévitable. « Si vous avez réellement, ajoutai-je, un sûr moyen de nous tirer d'ici sains et saufs, c'est l'unique parti qui reste à prendre. » Il me répliqua que si son seigneur voulait le lui ordonner, il consentait à perdre la tête en cas qu'il n'exécutât pas le projet.

Il ne fut pas difficile de porter le jeune prince à une résolution si sensée; il donna donc à son domestique les ordres nécessaires, et dans le moment même nous préparâmes tout pour faire réussir cette salutaire entreprise.

Dès qu'il fit sombre, nous allumâmes du feu dans notre petit camp, en prenant nos mesures pour l'entretenir pendant toute la nuit, afin de persuader aux Tartares que nous y étions encore; et aussitôt que nous vîmes paraître les étoiles que le Sibérien avait marquées pour notre départ, nos bêtes de charge étant déja en état de marcher, nous suivîmes notre guide, qui ne consultait que l'étoile polaire pour nous mener par ce pays, dont une grande partie ne consiste qu'en plaines.

Après avoir marché vigoureusement pendant deux heures, nous vîmes que l'obscurité commençait à disparaître, et qu'il faisait plus clair qu'il n'était nécessaire pour notre dessein : la lune se levait, ce qui nous aurait été fort désavantageux si les Tartares se fussent aperçus de notre retraite. Heureusement ils en furent les dupes, et nous arrivâmes le matin à six heures, après avoir fait quarante milles de chemin et estropié plusieurs de nos bêtes, à un village où nous nous reposâmes, sans apprendre la moindre nouvelle de nos ennemis pendant tout le jour.

Environ deux heures avant la nuit nous nous remîmes en marche, et nous restâmes en chemin jusqu'au lendemain huit heures du matin. Il nous fallut passer une petite rivière pour arriver à un grand bourg bien peuplé, habité par des Russes; nous y apprîmes que plusieurs hordes de Tartares Kalmoucks s'étaient répandues dans le désert, mais nous n'en avions plus rien à craindre, ce qui nous causa une très-grande satisfaction.

Nous restâmes là cinq jours entiers, tant pour goûter quelque repos après des marches si fatigantes que pour nous y procurer quelques chevaux frais dont nous avions besoin, ainsi que de quelques autres choses nécessaires au brave Sibérien qui nous avait conduits jusque là; mon associé et moi nous lui fîmes un présent de la valeur de dix pistoles, pour le récompenser de cet important service.

Une autre marche de cinq jours nous conduisit à Veuslima, sur la rivière de Wirtzogda, qui se jette dans la Dwina, et de là nous arrivâmes à Lawrenskoy, le 3 de juillet. Nous y goûtâmes le plaisir de voir la fin de notre voyage par terre, puisque nous étions sur les bords de la Dwina, fleuve navigable qui pouvait nous conduire en sept jours à Archangel. Nous louâmes deux grandes chaloupes pour notre bagage, et une espèce de barge fort commode pour nous-mêmes; nous nous embarquâmes le 7, et nous arrivâmes tous sains et saufs à Archangel le 18, ayant été en route dans tout notre voyage par terre, y compris notre séjour à Tobolsk, un an cinq mois et trois jours.

Nous fûmes obligés de rester six semaines dans cette ville pour attendre l'arrivée des vaisseaux; nous aurions été forcés d'y séjourner bien plus long-temps, si un Hambourgeois ne fût entré dans le port un mois avant le temps où les vaisseaux anglais s'y rendent d'ordinaire.

Après avoir mûrement délibéré sur le parti que nous devions prendre, nous considérâmes que nous pourrions nous défaire de nos marchandises aussi avantageusement à Hambourg qu'à Londres, et nous résolûmes de nous embarquer tous dans ce navire; nous convînmes du fret, et sur-le-champ je fis embarquer toutes mes denrées. Il était fort naturel de transporter à bord mon maître-d'hôtel en même temps, pour en avoir soin, et par-là le jeune prince put se tenir à l'écart pendant tout le temps qu'il nous fallut pour faire nos préparatifs, de peur qu'il ne fût reconnu dans la ville par quelques marchands russes.

Nous partîmes d'Archangel le 20 août, et nous entrâmes dans l'Elbe le 12 de septembre. Nous trouvâmes à Hambourg, mon associé et moi, des occasions très-favorables pour vendre nos marchandises, tant celles de la Chine que les fourrures que nous avions apportées de la Sibérie. En partageant avec lui le produit de tous nos effets, j'eus pour ma part 3,475 livres sterling, malgré plusieurs pertes que nous avions essuyées. Il est vrai que je comprends dans ma portion les diamants que j'avais achetés au Bengale pour mon compte particulier, et qui valaient bien 600 livres sterling.

Ce fut là que le jeune prince prit congé de nous; il s'embarqua sur l'Elbe, dans le dessein de se rendre à la cour de Vienne, où il espérait trouver des protecteurs, et d'où il pouvait lier correspondance avec ceux des amis de son père qui vivaient encore. Il ne se sépara pas de moi sans me témoigner de la manière la plus forte la reconnaissance qu'il garderait toute sa vie pour le service que je lui avais rendu et pour les marques d'amitié que j'avais données à son père.

Après être resté quatre mois à Hambourg, je passai en Hollande, où, m'étant embarqué dans le paquebot, j'arrivai à Londres le 20 janvier 1705, dix ans et neuf mois après mon départ d'Angleterre.

L'amour des voyages n'est pas encore éteint en moi, mais je suis enfin convaincu que le repos et une vie paisible peuvent seuls donner le bonheur; le souvenir de mes infortunes et des scènes si variées dont j'ai été le témoin ajoute au plaisir que j'éprouve en me voyant de retour dans ma patrie. Devenu sage à soixante-douze ans, il est temps que je me prépare à un voyage plus long que tous ceux que je viens de décrire.

FIN DU TOME QUATRIÈME ET DERNIER.

La Collection des meilleurs romans français et étrangers formera *Cent volumes fixes* (non compris le Walter Scott), de 230 pages environ, à *Un franc le volume* pour les souscripteurs à la Collection entière, et *Un franc 25 cent.* séparément.

NOMS DES AUTEURS

COMPOSANT LA COLLECTION.

Romans Français.

Mmes Cottin (œuvres complètes), 13 vol. — De Graffigny, 1 vol. — De Lafayette, 2 vol. — Riccoboni, 2 vol. — De Staël, 5 vol. — De Tencin, 1 vol. — Cazotte, 2 vol. — Fénélon, 3 vol. — Florian, 4 vol. — Hamilton, 2 vol. — Le Sage, 8 vol. — Marivaux, 5 vol. — Marmontel, 4 vol. — Mirabeau, 3 vol. — Montesquieu, 3 vol. — L'abbé Prévost, 2 vol. — J. J. Rousseau, 6 vol. — Scarron, 4 vol. — Tressan, 7 vol.

Romans Etrangers.

Miss Burney, 4 vol. — Fielding, 5 vol. — Daniel Foé, 4 vol. — Goëthe, 2 vol. — Goldsmith, 2 vol. — Miss Inchbald, 2 vol. — Johnson, 2 vol. Sterne, 1 vol. — Swift, 3 vol. — Walter Scott (chefs-d'œuvre.)

www.ingramcontent.com/pod-product-compliance
Lightning Source LLC
LaVergne TN
LVHW010559110826
845149LV00003B/702

9782012165328